böhlauWien

Erich Kippes

Feldsberg und das Haus Liechtenstein im 17. Jahrhundert

Die Gegenreformation im Bereich der fürstlichen Herrschaft

BÖHLAU VERLAG WIEN · KÖLN · WEIMAR

Gedruckt mit Unterstützung durch
das Bundesministerium für Wissenschaft, Verkehr und Kunst,
das Amt der Niederösterreichischen Landesregierung
und die Bank in Liechtenstein AG

Die Deutsche Bibliothek – CIP-Einheitsaufnahme

Kippes, Erich:
Feldsberg und das Haus Liechtenstein im 17. Jahrhundert :
die Gegenreformation im Bereich der fürstlichen Herrschaft / Erich Kippes. –
Wien ; Köln ; Weimar : Böhlau, 1996
ISBN 3-205-98677-6

Das Werk ist urheberrechtlich geschützt. Die dadurch begründeten Rechte,
insbesondere die der Übersetzung, des Nachdruckes, der Entnahme von
Abbildungen, der Wiedergabe auf photomechanischem oder ähnlichem
Wege und der Speicherung in Datenverarbeitungsanlagen, bleiben, auch bei
nur auszugsweiser Verwertung, vorbehalten.

© 1996 by Böhlau Verlag Ges.m.b.H. und Co. KG.,
Wien · Köln · Weimar

Satz: Hutz, A-1210 Wien
Druck: Manz, A-1050 Wien

Dieses Buch widme ich meiner Familie, meinen Kindern und Enkelkindern. Ich habe es nicht zuletzt in der Hoffnung geschrieben, ihnen damit etwas von meiner Heimatliebe vermitteln zu können, die für mich und meine Frau bis zum heutigen Tage lebendig geblieben ist.

Dr. med. et Mag. phil. Erich Kippes

Vorwort

Die Idee zu dem geschichtlichen Rückblick auf Feldsberg und das Haus Liechtenstein im 17. Jahrhundert entsprang meiner starken und ein Leben lang schmerzvollen Liebe zu dieser Stadt, sie entsprang einer echten Treue zu den Gefährten meiner Jugend, die 1945 ebenfalls die Heimat verlassen mußten, sie entsprang schließlich der ehrenden und dankbaren Erinnerung an meinen Vater, der in schwerer Zeit, in den Jahren 1929 bis 1938, Bürgermeister von Feldsberg war. Schließlich soll hier auch meines verehrten Geschichtslehrers am Deutschen Staatsrealgymnasium in Nikolsburg, Prof. Hugo Triesel, gedacht werden. Er verstand es wunderbar, in seiner gütigen Art bei uns Schülern das Interesse an seinem Unterrichtsstoff dauerhaft zu wecken.

Herrn Universitätsprofessor Dr. Richard Georg Plaschka und seinen Mitarbeitern bin ich für vielfältige, verständnisvolle Hilfe zu großem Dank verpflichtet. Mein Dank gilt nicht zuletzt den Leitern folgender Einrichtungen: Diözesanarchiv Wien, Archiv der Niederösterreichischen Landesregierung in Wien, Bezirksarchiv Nikolsburg (Mikulov), wo sich das Stadtarchiv Feldsberg befindet, Mährisches Landesarchiv in Brünn (Brno). Besonders aber bin ich Frau Dr. Evelin Oberhammer vom „Hausarchiv der Regierenden Fürsten von und zu Liechtenstein" in Wien dankbar, die mir durch zahlreiche Hinweise entscheidend geholfen hat.

Inhaltsverzeichnis

1. Einleitung, historischer Überblick 11

2. Karl I. 20

    2.1. Jugend, politische Laufbahn 20
    2.2. Fürstliche Beamtenschaft 32
    2.3. Das Schloß 36
    2.4. Die Stadt, ihre Struktur, ihre Entwicklung 39
    2.5. Berufe 55
    2.6. Interna der Gemeinde 60
    2.7. Die Pfarre von Feldsberg nach
          der Rekatholisierung 65
    2.8. Die Barmherzigen Brüder 73
    2.9. Friedhöfe 77
    2.10. Kriegsnot 85

3. Karl Eusebius 91

    3.1. Kirche 92
    3.2. Schloß, Architektur, höfisches Leben 107
    3.3. Betriebswirtschaft, wirtschaftliche Probleme 121

4. Johann Adam Andreas 129

    4.1. Regierungsübernahme 129
    4.2. Der Franziskanerorden 134
    4.3. Wirtschaftserfolge, Familienerbe 138
    4.4. Bautätigkeit 140
    4.5. Die Rüstkammer Hans Adams 145

5. Schlußwort 148

6. Nachbetrachtung 152

7. Quellenangaben 164
    7.1. Archive 164
    7.2. Literatur 164

Anhang: 167
    Maße und Gewichte 167
    Im 17. Jahrhundert nachweisbare Bürgermeister 169
    Privilegien für die Schuster 170
    Pollicey-Ordnung 179
    Privilegien für die Stadt Feldsberg 187

Stichwortregister 191

1.

Einleitung, historischer Überblick

Am Reichstag zu Regensburg wurde im Jänner 1193 unter der Regierung des Kaisers Heinrich VI. eine Urkunde über einen Tauschvertrag ausgestellt, bei welchem Bischof Wolfger von Passau dem Wichard von Seveld das Schloß Veldesperch mit 12 dazugehörigen Mansen gegen Abtretung eines Gutes überließ, das dieser im Orte Gnas besaß.[1] Dieser Ort Gnas konnte übrigens bis heute nicht dokumentarisch belegt werden.

Das Gebiet des heutigen Feldsberg (Veldesperch) wurde spätestens 1043, seit dem Siege Heinrichs III. über die Ungarn an bayrische Herren geistlichen und weltlichen Standes verliehen, die ihre Siedler in das Land brachten.

Einer dieser Herren, Richwin, der vor allem für unsere Gegend in Betracht kommt, soll in eine Verschwörung gegen den Kaiser verwickelt gewesen sein. Er wurde seiner Güter verlustig erklärt, worauf Passau in den Genuß dieses Gebietes kam.[2] Diese ganze Epoche wäre wert, von der historischen Forschung näher durchleuchtet zu werden.

Die nun neuen Inhaber, die Seefelder (Sevelder), gehörten wahrscheinlich einem bayrischen Adelsgeschlecht an.

Auf Wichard[3], der 1221 starb, folgte sein Sohn Chadold[4] (Kadolt), in dessen Regierungszeit der berühmte Besuch des Ulrich von Liechtenstein im Laufe seiner »Venusreise« fällt.

Es wäre natürlich verlockend, diesen Ulrich mit unserer Familie Liechtenstein in Verbindung zu setzen. Allerdings ist es

---

1 Johann Friedrich Böhmer, Regesta Imperii IV/3, S. 112.
2 Moritz Alois Becker, Feldsberg in Niederösterreich, S. 16/17.
3 Babenberger Urkundenbuch (BUB), 115-I/S. 151,168-I/S. 225, 218-II/ S. 22.
4 BUB 146-I/S. 190, BUB II S. 91.

der seriösen Forschung bisher nicht gelungen, in dieser Hinsicht eindeutige Belege zu erbringen.[5]

Im Zusammenhang mit dem Besuche Ulrichs am letzten Tage seiner Venusreise wird Feldsberg als Stadt bezeichnet, doch liegen keinerlei Urkunden aus dieser Zeit über einen eventuellen Status Veldesperchs als Stadt vor. Ein Stadtwappen finden wir bis heute erstmals mit Datum 24. 11. 1349. Es liegt im »Fürstlich Liechtensteinschen Hofarchiv« in Vaduz.

Mit Albero[6], dem Sohn Kadolts, stirbt das Geschlecht Seefeld-Veldesperch im Mannesstamme aus. Aus seiner Ehe mit Gisela von Orth (Traunsee) blieben sechs Töchter, durch die der Besitz in sechs Teile aufgesplittert wurde. Durch ihre Ehen kamen auch zwei Kuenringer nach Feldsberg, eine Tochter, Alheid, war mit Heinrich von Kuenring verheiratet, eine zweite Tochter, Agnes, hatte Leutpold von Kuenring zum Manne.

Heinrich gründete in Feldsberg im Jahre 1286 ein Minoritenkloster, das später, 1486, von den Franziskanern bezogen wurde.

Infolge der Aufsplitterung durch die sechs Schwestern kamen auch andere Familien zu Besitzanteilen in Feldsberg: die Rauhenstein, die Potendorf, die Puchheim und die Winkel.

Schon im 13. Jahrhundert war die Herrschaft Nikolsburg von Přemysl Ottokar dem Hause Liechtenstein zum Lehen gegeben worden. Von dort her kam es zu einem zunehmenden Einfluß auf Feldsberg, und im Jahre 1391 gelang es Johann I. (»Hanns, der Gewaltige Hofmeister«), Feldsberg zur Gänze in seinen Besitz zu bringen, nachdem die Stadt schon vorher durch Besitzerwerbungen in der Umgebung gewissermaßen eingekreist war. 1358 erhielt Johann von Herzog Albrecht den Besitz Potendorf, eine abgekommene Ortschaft südlich von Felds-

---

5 BUB (Siegel) III, S. 111–113.
6 BUB (Siegel) III, S. 92.

Einleitung, historischer Überblick 13

berg, der nach dem Tode der Witwe nach Heinrich von Wallsee frei geworden war.

Durch komplizierte Erbverträge kam nach dem Ableben des letzten Rauhensteiners Hanns von Liechtenstein in den Besitz eines Sechstels des Gesamtbesitzes Feldsbergs. 1388 wurde der Anteil des Hans von Puchheim erworben, und 1391 verkauften die Potendorfer ihre Anteile an Hanns von Liechtenstein und seine Brüder, so daß in diesem Jahr die Stadt zur Gänze im Besitz der Familie Liechtenstein war.[7] 1394 fiel Hanns bei Herzog Albrecht III. in Ungnade. Die Ursache ist nicht bekannt, es wird vermutet, daß er ganz einfach zu reich und zu mächtig geworden war. Im folgenden Jahr unterwarf sich die Familie Liechtenstein dem herzoglichen Schiedsspruch, das Eigentum in Oberösterreich und in Tirol ging verloren, in Niederösterreich blieben nur die Güter im nordöstlichen Weinviertel im Teilbesitz der Familie. Also Feldsberg, Rabensburg, Ringelsdorf, Mistelbach und Ulrichskirchen. Feldsberg wurde nur noch als Lehen überlassen, ebenso die übrigen Herrschaften.

Erst in einer am 3. April 1408 erlassenen Urkunde übergab Herzog Leopold IV. seinem Hofmeister Heinrich V. von Liechtenstein die Feste und Stadt Feldsberg wieder in das freie Eigentum zurück.[8]

Aus dem Jahre 1414 haben wir genaue Nachricht über Feldsberg durch das »Urbar der Liechtenstein'schen Herrschaften über Nikolsburg, Dürnholz, Lundenburg, Falkenstein, Feldsberg, Rabensburg, Mistelbach, Hagenberg und Gnadendorf aus dem Jahre 1414« von BERTOLD BRETHOLZ, erschienen in Reichenberg 1930. Die Originalhandschrift dieses Urbars wird im Liechtensteinarchiv in Vaduz aufbewahrt. Das Urbar ist in deutscher Sprache geschrieben.

---

7 Anton Kreuzer, Das mittelalterliche Feldsberg, S. 88.
8 Derselbe, Das mittelalterliche Feldsberg, Anm. 5, S. 115.

Der Urbarschreiber begann mit der Arbeit am St.-Margareten-Tag (14. Juli) 1414 und hatte sie bis zum Herbst desselben Jahres beendet. Für dieses Jahr ist als Burggraf von Feldsberg ein Zachreis Gneuß überliefert.[9]

Wir finden darin auch bereits die Familiennamen der Bewohner, die in vielen Fällen auf die ausgeübten Berufe schließen lassen. Das Urbar nennt z. B. für die Stadt neun Inhaber von Fleischbänken, dazu kamen aber noch weitere sieben Fleischstöcke, die von auswärtigen Fleischern betrieben wurden. Feldsberg scheint im 14. Jahrhundert mehr Einwohner gehabt zu haben als im 15. Jahrhundert, wobei wohl Kriegshandlungen und Seuchen die Hauptursache des Bevölkerungsschwundes gewesen sein dürften.

Nach dem Tode Johanns I. hatte das Haus Liechtenstein eine schwere Fehde mit den Herren von Stubenberg um den Besitz Feldsbergs, die darauf basierte, daß die Witwe des verstorbenen »Gewaltigen Hofmeisters«, Elisabeth von Puchheim, dann mit Johann von Stubenberg verheiratet war. Dieser stellte im Namen seiner Frau Forderungen an das Haus Liechtenstein. Es kam zu gewalttätigen Auseinandersetzungen, wobei natürlich wieder die Einwohner die Leidtragenden waren.

Der Stubenberger wurde zwar vertrieben, aber erst 1406 wurde der Streit durch Schiedsspruch entschieden. Liechtenstein zahlte an den Stubenberg 1700 Pfund Wiener Pfennige, Elisabeth sollte alle Güter behalten, die in ihrem Heimsteuerbrief beschrieben waren. Wirkliche Ruhe trat aber erst nach dem Tode Elisabeths, 1408, und Johanns von Stubenberg, 1414, ein.[10]

Anfang des 15. Jahrhunderts kam es zu Einfällen bewaffneter Räuberbanden, besonders aus Mähren, die unter dem Schutz der mährischen Markgrafen immer wieder das nörd-

---

9 Derselbe, a. a. O., Anm. 6, S. 115.
10 Derselbe, a. a. O., S. 100.

liche Niederösterreich drangsalierten. Berüchtigt waren Heinrich von Kunstadt auf Jaispitz, der »Dürrteufel«, und Johann von Lamberg, der »Scheckel« oder »Sokol« genannt wurde.[11]

Ende des 14., Anfang des 15. Jahrhunderts wird das Haus Liechtenstein von Johann II. (1386–1412), Heinrich V. (1386–1418) – beide Söhne Hartneids III. – und von Hartneid V. (1395–1427), der ein Sohn Hartneids IV. war, verkörpert.

Im Jahre 1410 hatte das Haus Liechtenstein neuerlich einen Erbschaftsstreit durchzumachen, und zwar mit dem Hause Wallsee, der durch eine Zahlung von 3000 Pfund Wiener Münzen an die Wallseer bereinigt wurde.

Die schwere Zeit für das Haus Liechtenstein kam aber während der Hussitenkriege in der ersten Hälfte des 15. Jahrhunderts. Durch Raub und Brand wurde die ganze Gegend verwüstet. In diesen kriegerischen Jahren waren Georg IV. (1418–1444) und sein Bruder Christoph II. die Repräsentanten des Hauses, da Hartneid V. im Jahre 1427 gestorben war.

Feldsberg konnte sich lange Zeit nicht von den Wunden der Hussitenzeit erholen, es war 1426 niedergebrannt worden, die zerstörte Schloßkapelle war im Jahre 1444 noch nicht restauriert, so daß die Gottesdienste im Spital gelesen wurden.

Auch nach den Hussitenkriegen kam es zu keiner Ruhe, das Raubritterwesen verunsicherte das ganze Land. Diese Raubritter kamen nicht nur aus Mähren, Böhmen und Ungarn, sie kamen auch aus dem eigenen Land, wobei Feldsberg, an der Nahtstelle der verschiedenen Länder, immer wieder überfallen wurde.

1453 teilte das Haus Liechtenstein seinen Besitz: Hans und Heinrich von Liechtenstein erhielten Feldsberg, Wilhelm bekam Nikolsburg.

In der zweiten Hälfte des Jahrhunderts kam es wiederum zu kriegerischen Einfällen, diesmal von seiten Georgs von Podè-

---

11 Derselbe, a. a. O., S. 101.

brad. Sie brachten schwersten Schaden über das Land, und das Abkommen und der Untergang vieler Ortschaften gehen auf diese Zeit zurück. Überdies befielen immer wieder Seuchen die Gegend und dezimierten die Bevölkerung.

Dazu kam der Streit der beiden verfeindeten Brüder Herzog Friedrich IV. und Herzog Albrecht VI. Friedrich bediente sich der Unterstützung Georgs von Podèbrad, dessen Truppen fürchterlich hausten, Feldsberg und Mistelbach gingen in Flammen auf.[12]

Nach dem Tode Georgs IV., 1444, und seines Bruders Christoph II., 1445, waren in Feldsberg Wilhelm, ein Sohn Christophs II. (1446–1459), und die vier Söhne Georgs IV., Johann V. (1446–1473), Heinrich VII. (1446–1483), Christoph III. (1446–1506) und Georg V. (1447–1484), zur Führung des Hauses gelangt.

Die gemeinsame Verwaltung durch die beiden Linien brachte immer wieder Reibereien, man beschloß daher eine Aufteilung des Besitzes.

Im Teilungsvertrag von 1453 wurde derart entschieden, daß Schloß und Stadt Nikolsburg, alle dazugehörigen Orte, die Städte Kostel und Pohrlitz, die Herrschaften Lundenburg, Herrenbaumgarten, Wilfersdorf und Gaunersdorf, Wilhelm, der Sohn Christophs II., erhielt. Die andere Hälfte mit Schloß, Stadt und Herrschaft Feldsberg, Schloß Steieregg, die Herrschaften Mistelbach, Hagenberg, Rabensburg und Dürnholz bekamen die Söhne Georgs IV.[13]

Da Wilhelm von Liechtenstein 1459 in der Nähe von Seelowitz in Mähren von Straßenräubern ermordet wurde und keine Erben vorhanden waren, kam seine Liechtenstein-Hälfte an die Feldsberger Linie zurück.

Unter der zaghaften und kraftlosen Herrschaft des Kaisers Friedrich III. – Herzog Albrecht VI. war verstorben – kamen die

---

12 Derselbe, a. a. O., S. 107.
13 Derselbe, a. a. O., S. 107.

schwersten Jahre über das Land, denn neben Georg von Podèbrad trat ein zweiter, kriegserfahrener Mann in den Vordergrund, König Matthias Corvinus von Ungarn.

In der Familie Liechtenstein waren in der zweiten Hälfte des 15. Jahrhunderts Johann V. in Nikolsburg und Heinrich VII. in Feldsberg die bedeutendsten Männer.

Zwischen Friedrich III. und Matthias Corvinus kam es zu keinem echten Frieden. 1486 drangen die Ungarn neuerlich in das Land ein, Zistersdorf und Feldsberg fielen in ihre Hand. Wieweit Feldsberg damals zu Schaden kam, ist leider nicht überliefert. Während dieser schweren Zeit brachte es die Familie Liechtenstein zuwege, ihren Besitz zusammenzuhalten, ja sogar zu vergrößern, z. B. wurde 1470 der Markt Bernhardsthal erworben. Das Todesjahr Johanns V. von Liechtenstein ist nicht exakt gesichert, es fällt in die Zeit zwischen 1472–1474.

Heinrich VII. überlebte seinen Bruder Johann um zehn Jahre, er starb 1483. Wegen der Unfähigkeit Friedrichs III. war er ein Anhänger des Königs Matthias Corvinus, der den gesamten liechtensteinischen Besitz bestätigte. Nach dem Tode Heinrichs übernahm Christoph III. die Leitung des Hauses. Auch er bemühte sich, den Besitzstand zu vergrößern. Infolge seiner guten Beziehungen zum Ungarnkönig wurde er 1486 mit Nikolsburg und den übrigen mährischen Besitzungen belehnt (Waisenstein, Maidenburg, Dürnholz, Kostel, Lundenburg, Teinitz).[14]

Im Laufe der Zeit hatte Christoph auch wieder mit Friedrich III. Kontakt aufgenommen, so daß er nach dem plötzlichen Tode des Königs Matthias Corvinus 1490 keinerlei Schwierigkeiten hatte.

Im Jahre 1504, kurz vor seinem Tode, vereinbarte er einen neuen Teilungsvertrag in seiner Familie. Er starb 1506 und liegt in Nikolsburg begraben.[15]

---

14 Derselbe, a. a. O., S. 115.
15 Derselbe, a. a. O., S. 118.

Die drei Linien nach Christoph III., Heinrich VII. und Georg V. nannten sich aufgrund dieses neuen Erbvertrages nach den von ihnen gewählten Hauptsitzen von »Steieregg«, von »Nikolsburg« und von »Feldsberg«. Letztgenannten Anteil nun hatte der Sohn Georgs V., Hartmann I., inne. Er hatte ein sehr gutes Verhältnis zu Kaiser Maximilian I.

Wahrscheinlich stand er bereits in seinen späten Jahren der neuen Lehre, dem Protestantismus, nahe.[16] Er erwarb 1518 die Holden zu Katzelsdorf, 1520 Hohenau, 1525 wurde er von Kaiser Ferdinand mit Poysdorf und den Zehenten von Wilfersdorf belehnt. Von seinen Neffen Johann VI. und Wolf Christoph von der Nikolsburger Linie kaufte er die Holden mit Bergrecht und Weinzehent in Falkenstein und Hohenruppersdorf. In Feldsberg stiftete er dem Spital ein Legat von 4000 Gulden.

Nach seinem Tode im Jahr 1540 übernahm sein Sohn Georg Hartmann die Regierung. Dieser war ein hervorragender Wirtschaftsmann, dem Kaiser war er ein verläßlicher Lieferant von Geschützen, Kriegsmunition und Proviant für das Heer. Mit seinem Bruder Johann Christoph schloß er einen Vertrag über eine gemeinsame Hofhaltung in Feldsberg (1542). 1552 erhielt er von König Ferdinand die Erlaubnis, in Nikolsburg Bier zu brauen. Georg Hartmann starb am 12. Juli 1562 und wurde in Feldsberg begraben.[17]

Es folgt Hartmann II., der beim Tode seines Vaters erst 18 Jahre alt war. Im Jahre 1570 wurde wieder ein Familienvertrag mit seinen Brüdern erstellt, wonach Hartmann, als der älteste der Brüder, die Herrschaft Feldsberg mit Garschönthal, Ober- und Unterthemenau und Bischofwarth erhielt. Im Jahre 1575 erwarb er neuerlich Eisgrub, das Wolfgang II. 1572 dem Kaiser verkauft hatte. Er bezahlte dafür den Betrag von 30.000 rheinischen Gulden. Es gelang ihm, die finanzielle Lage des Hau-

---

16 Derselbe, a. a. O., S. 60.
17 Jacob v. Falke, Geschichte des fürstlichen Hauses Liechtenstein /II, S. 83 ff.

ses Liechtenstein beträchtlich zu verbessern, er konnte sogar Kaiser Rudolf II. im Jahre 1578 »in ansehung obliegenden beschwerlichen Kriegs- und anderen Ausgaben« ein Darlehen von 50.000 rheinischen Gulden für die Dauer von sechs Jahren gewähren.[18]

Vielleicht versuchte Hartmann auch deshalb seinen Besitz unbedingt zu erweitern, weil ja von seinem Onkel Christoph IV. der Stammsitz des Hauses Liechtenstein, Nikolsburg, im Jahre 1560 an den ungarischen Magnaten Wladislaus Kerecheny de Kanyafölda verkauft worden war.

Die Seelsorge wurde zu dieser Zeit von evangelischen Geistlichen ausgeübt, angefangen 1571 mit Johannes Judex und seinem Diaconus Balthasar Grave usw., auf die 1601 wieder katholische Pfarrer folgten. In Feldsberg fand sogar im Jahre 1580 eine evangelische Kirchenvisitation statt. Den Vorsitz hatte Hartmann II. Er starb am 11. Oktober 1585 in Eisgrub und wurde in Feldsberg begraben. Seine beiden Brüder Georg Erasmus und Johann Septimius führten interimistisch die Regierung, bis Karl, der Sohn Hartmanns, die Nachfolge antreten konnte.

---

18 Herbert Haupt, Fürst Karl I. von Liechtenstein, S. 10.

2.
Karl I.

2.1. Jugend, politische Laufbahn

Mit Beginn des 17. Jahrhunders trat eine gewaltige Zeitenwende ein. Die Gegenreformation begann sich durchzusetzen. Mit Karl I., dem ersten Fürsten des Hauses Liechtenstein, war das Oberhaupt der Familie wieder katholisch geworden. Er erlangte im Laufe seines Lebens die höchsten Ämter am kaiserlichen Hof.

Wir erwähnten schon, daß sein Vater Hartmann II. noch evangelisch war. Nach GUTKAS wurde unter seiner Patronanz um das Jahr 1580 von den evangelischen Ständen Niederösterreichs in Feldsberg, ähnlich wie in Horn, Loosdorf und Katzelsdorf, ein evangelisches Gymnasium gegründet. Die Schule wurde durch eine jährliche Subvention in der Höhe von 500 Gulden von seiten der Stände gestützt.[19]

Nach FITZKA wäre diese Schule erst 1597 gegründet worden, nachdem die protestantische Landschaftsschule von Horn im Jahre 1584 nach Mistelbach verlegt worden war.[20] Nach einer persönlichen Mitteilung eines der profundesten Kenner der damaligen Verhältnisse, Dr. Gustav REINGRABNER, hatte die Feldsberger Schule einige Entwicklungsphasen erlebt. Zunächst war sie eine Gründung in der Pfarre, wobei die Herrschaft des Fürstenhauses natürlich einen wesentlichen Einfluß hatte. Er schreibt mir weiter wörtlich:

> »Als es nicht mehr möglich war, daß die Stände unter der Enns eine eigene ›Landschaftsschule‹ unterhielten – die in Wien gegründete nahm 1591 in Mistelbach ein etwas unrühmliches Ende, sie trocknete einfach

---

19 Karl Gutkas, Geschichte des Landes Niederösterreich, S. 212.
20 Karl Fitzka, Geschichte der Stadt Mistelbach, S. 115.

Karl I.

aus – beschlossen sie, anerkannte Schulen im Lande aus der ständischen Kasse finanziell zu unterstützen. Sie durften sich – ohne daß sich an der Eigentümerschaft etwas geändert hätte – als ›Landschaftsschulen‹ bezeichnen und sollten aus der landschaftlichen Subvention einen eigenen Lehrer anstellen, der vor allem zur Betreuung der Söhne landständischer Adeliger einzusetzen gewesen wäre. Diese Subventionen wurden bis zu den Unruhen des Jahres 1608 regelmäßig bezahlt.«[21]

Nach HÜBEL ersehen wir eine interessante Entwicklung der Feldsberger Schule. Danach existierte die Schule Feldsberg bereits im Jahre 1544. Hartmann von Liechtenstein machte – weil die Schule seiner Ansicht nach ein Seminarium der christlichen Kirche sei – zu ihren Gunsten eine Stiftung von 50 Gulden jährlich, damit neben dem Schulmeister ein Kollaborator oder Kantor gehalten werden könne. Das Schulpersonal sollte jedoch dem Augsburger Bekenntnis angehören. Die Anstalt dürfte dadurch zu einer zweiklassigen Lateinschule geworden sein. Zur Zeit der Visitation im Jahre 1580 war sie von etwa 50 Knaben besucht, die teils im Lesen und Schreiben, teils in der lateinischen Sprache unterrichtet wurden. 1597 hatte Karl von Liechtenstein, der Sohn Hartmanns, mit dem Bau eines neuen Schulhauses begonnen und war an die niederösterreichischen Stände herangetreten, der Schule den Rang einer Viertelsschule zu verleihen und eine jährliche Subvention von 500 Gulden zu gewähren. Da der Bau schon begonnen worden war, bewilligten die Stände den Betrag unter gewissen Auflagen. Es erfolgte jedoch in den Jahren 1598 und 1599 keine Auszahlung. Aus einer Eingabe, die Karl von Liechtenstein am 30. April 1600 machte, ist der Grund ersichtlich. Er war nämlich inzwischen katholisch geworden und war trotzdem an die Stände herangetreten, ihm, obwohl er nun der katholischen Religionsgemeinschaft angehörte, die 1597 bewilligten Gelder auszubezahlen. Erst als 1601 Erzherzog Maximilian bei den Ständen für Karl von Liechtenstein intervenierte, erklärten sich

---
21 Persönliche Mitteilung Dr. Gustav Reingrabner.

diese bereit, Geld zur Verfügung zu stellen. Er erhielt 1602 von den Ständen einen Betrag von 1000 Gulden und sollte jedes Jahr neuerlich ansuchen. In den Jahren 1603 und 1604 erhielt er wiederum je 1000 Gulden Subvention. 1604 war die Schule fertig, der Unterricht wurde aufgenommen, auch eine Anzahl armer Kinder konnte kostenlos teilnehmen.[22]

Hartmann hinterließ bei seinem frühen Tod – er starb mit 41 Jahren – drei Söhne, Karl, von dem wir in Verbindung mit der Schule eben sprachen, Maximilian und Gundacker, sowie zwei Töchter, Katharina und Judith.

Nach HAUPT wurde Hartmann II. in der Schloßkapelle in Feldsberg beigesetzt.[23] BECKER rätselt darüber, daß beim Umbau der Kirche in Feldsberg keine Liechtensteingräber gefunden wurden.[24] Die Beisetzung in der alten Schloßkapelle wäre eine Erklärung, sie wurde 1654 weggerissen, wobei tatsächlich Gebeine gefunden wurden, wie wir später noch sehen werden.

Da Karl beim Tode seines Vaters erst 16 Jahre alt war, übernahm der Bruder des Verstorbenen, Georg Erasmus, interimistisch die Regierung und konnte einen wohlfundierten Besitz weiterführen.

Nach dessen Tod im Jahre 1592 führte ein weiterer Bruder Hartmanns II., Johann Septimius, der durch das Erbe des älteren Bruders, der kinderlos starb, außerordentlich reich geworden war, die Regierungsgeschäfte. Dieser starb 1595, so daß nun Karl von Liechtenstein als ältester Sohn Hartmanns II. das Oberhaupt der Familie und von Kaiser Rudolf II. mit den Familiengütern belehnt wurde.

Ende des 16. Jahrhunderts war von den Linien des österreichischen Hauses Liechtenstein nur noch die Feldsberger

---

22 Dr. Ignaz Hübel, Jahrbücher d. Ges. für die Geschichte d. Prot. in Österreich, 51. Jg., 1930, II., S. 73/74.
23 Herbert Haupt, Fürst Karl I. von Liechtenstein, S. 10.
24 M. A. Becker, Feldsberg in Niederösterreich, S. 63 ff.

Karl I.

Linie übriggeblieben und wurde nach der Güterteilung vom Jahre 1591 von den Söhnen Hartmanns II. repräsentiert. Karl erhielt Feldsberg, Herrenbaumgarten und das allerdings einstweilen noch im Besitz der Mutter verbleibende Eisgrub, das auch schon in Mähren lag, Maximilian bekam Rabensburg und Hohenau in Niederösterreich und Gundacker Wilfersdorf und Ringelsdorf.

Diese Besitzteilung wurde endgültig am 23. Juli 1598 in Feldsberg vorgenommen, wobei auch die Einkünfte der drei Herrschaften taxiert wurden. Bei Feldsberg und Herrenbaumgarten waren diese Einkünfte mit 98.163 Gulden angegeben worden, bei Rabensburg und Hohenau mit 98.195 Gulden und bei Wilfersdorf und Ringelsdorf mit 97.688 Gulden.[25]

Karl wurde am 30. Juli 1569, vermutlich in Feldsberg, geboren, er dürfte dort auch seine frühe Jugend verbracht haben. Nach Meinung BECKERS wäre Karl in Eisgrub geboren, wohin er sich auch immer wieder in seinem vielbewegten Leben zurückzog, wenn er, oft notgedrungen oder auch freiwillig, seine Stellung im Staate und am Hofe aufgab.[26]

Als Jugendlicher besuchte er die Akademie der Mährischen Brüder in Eibenschütz, dem heutigen Ivancice bei Brünn. Dorthin schickte ein großer Teil des protestantischen Adels seine Söhne in die Schule. Karl lernte dort auch unter anderen Karl von Zierotin (Zerotin) kennen. Es wurde dies eine Freundschaft auf Lebenszeit.

Einzelheiten aus der Jugendzeit Karls über seine Erziehung und seinen Unterricht sind leider nicht bekannt. Es war üblich, daß junge Adelige aus führenden Familien zu weiterer Ausbildung und zur Erweiterung ihres Wissens und ihrer Erfahrung an fremde Universitäten und zu namhaften Gelehrten des gleichen religiösen Bekenntnisses geschickt wurden. Einen guten

---
25 Jacob von Falke, Geschichte des fürstlichen Hauses Liechtenstein II., S. 131.
26 M. A. Becker, a. a. O., S. 64.

Ruf hatten in dieser Hinsicht Basel und Genf, wo Grynaeus und Beza lehrten und die jungen Adeligen auch in ihr Haus aufnahmen.[27] Dem Diarium Karls von Zierotin nach besuchte Karl von Liechtenstein im Jahre 1588 Frankreich, um auch dort Gelehrte und Wissenschafter aufzusuchen. Karl von Zierotin ging nach England weiter, jedoch trafen die beiden im Jahre 1589 wieder in Wien zusammen.[28]

Karl heiratete bald nach 1592 Anna Maria, die Tochter des Johann Sembera von Boskowitz aus altem mährischen Adel und erbte mit seiner Frau Czernahora und Mährisch Aussee in Nordmähren, während sein Bruder Maximilian, der die zweite Tochter aus dem Hause Boskowitz geheiratet hatte, über seine Gattin Katharina Butschowitz, Posoritz und Nowihrad bekam. In den Jahren 1595–1597 war Karl von Liechtenstein durch Erbschaft, Schenkungen und Ankäufe zu einem der reichsten Adeligen Mährens geworden.[29]

In Feldsberg selbst kaufte er im Jahre 1598 von Balthasar Omulkus ein Haus »am Platz«, im gleichen Jahr von Stephan Gräßl ebenfalls ein Haus »am Platz«.[30]

Im Jahre 1602 erwarb er von Hans Khinast von Fichtenberg den Hof zu Schrattenberg.[31]

Er war ein hervorragender Wirtschafter und konnte durch seine reichen Erträge dem Kaiser Rudolf II. mit Schenkungen und Darlehen wiederholt behilflich sein.

1599 wurde Karl von Liechtenstein Oberstlandrichter von Mähren.[32] Zu dieser Zeit gehörte er noch der protestantischen Partei im mährischen Landrecht an, einige Monate später erfolgte sein Übertritt zum Katholizismus.

---

27 Jacob von Falke, a. a. O., S. II/129.
28 Herbert Haupt, a. a. O., S. 12.
29 Derselbe, a. a. O., S. 13.
30 Fürstl. Liechtenstein'sches Hausarchiv HALW, Karton H 1809.
31 Jacob von Falke, a. a. O., S. II/229.
32 Herbert Haupt, a. a. O., S. 14.

Über die Ursache dieses Übertrittes Karls war man sich bei den Zeitgenossen nicht klar. Im protestantischen Schrifttum wird dies als opportunistische Maßnahme qualifiziert. Das allein kann nicht die Ursache sein, denn einerseits mußte Karl mit einer massiven Gegnerschaft im mährischen Landtag rechnen, andererseits war der Ausgang der Gegenreformation noch nicht mit Sicherheit vorauszusagen. Natürlich freute sich die katholische Seite, wie zwei Briefe des Papstes Clemens VIII. bewiesen. Jedenfalls bekam Karl im Frühjahr des Jahres 1600 die Würde eines »Geheimen Rates«. Er gehörte damit der obersten und einflußreichsten Hofstelle Kaiser Rudolfs II. an, die ihren Sitz in Prag hatte.

Auch die national-tschechische Geschichtsschreibung des späteren 19. und frühen 20. Jahrhunderts beurteilte Karl negativ. Hier spielt natürlich zusätzlich noch die Position Karls nach der »Schlacht am Weißen Berg« eine Rolle.

Nachdem der psychisch labile Kaiser Rudolf zwei seiner einflußreichsten Vertrauten entlassen hatte, Paul Sixtus Graf Trautson und Wolfgang Siegmund Freiherr von Rumpf, bot er Karl das Amt des Obersthofmeisters und den Vorsitz im Geheimen Rat an. Daraufhin entwarf dieser eine Reform der fünf Hofämter, Geheimer Rat, Hofkanzlei, Reichshofrat, Hofkammer und Kriegsrat, die er allerdings nicht mehr selbst durchführen konnte. Dies war erst seinem jüngeren Bruder Gundacker möglich, der von 1624–1634 die Position eines Obersthofmeisters bekleidete.[33]

Karl war nun seit dem Winter 1600/1601 in Prag tätig und sah seine Berufung als Ehre und Verpflichtung an.

Herbert HAUPT schreibt:

»Die Gründe, warum Karl dieses schwierige Hofamt übernahm, wurden verschieden interpretiert. Machtstreben, persönlicher Ehrgeiz und Selbstüberschätzung werden dabei ins Treffen geführt, wie die Erwartung

---

33 Derselbe, a. a. O., S. 14 ff.

Karls, in der neuen Position rascher die Rückzahlung der beträchtlichen kaiserlichen Schulden erwirken zu können.«

Karl hatte nämlich in den letzten Jahren dem Kaiser nennenswerte Beträge vorgestreckt. Haupt schreibt weiter:

»Es ist merkwürdig, daß das naheliegendste und von Karl von Liechtenstein selbst genannte Hauptmotiv fehlt. Er sah es als Ehre und selbstverständliche Verpflichtung an, dem Ruf des Kaisers Folge zu leisten und sich ihm zur Verfügung zu stellen.«[34]

Am 29. September 1606 wurde von den drei Brüdern Liechtenstein in Feldsberg die sogenannte »Erbeinigung« unterzeichnet. Die Position Karls erfuhr eine entscheidende Aufwertung innerhalb der Familie. Er war bemüht zu verhüten, daß der Familienbesitz, oder auch nur ein Teil davon, in fremde Hände gelange. Die wesentlichste Bestimmung des neuen Vertrages sollte in der Unveräußerlichkeit des Familienbesitzes liegen. Der Verlust der Herrschaft Nikolsburg, keine 50 Jahre vorher, war ihm eine Warnung. Er hatte ein Fideikommiß mit modifizierter Primogenitur vor Augen: Das Haupt der Familie ist nicht mehr der Älteste, sondern der Erstgeborene in der Linie der Erstgeborenen. Karl erhielt den Titel »Regierer des Hauses Liechtenstein«.[35]

Diese Regelung erforderte jedoch nicht nur die Zustimmung des Kaisers, sondern auch der Landstände. Nun entsprach gerade die Primogenitur nicht den üblichen Gewohnheiten in Niederösterreich. Da Karl ja inzwischen zum katholischen Glauben gewechselt war, hatte er die zur Zeit mächtige Partei der Protestanten gegen sich. Nach langen Verhandlungen kam es schließlich doch zu einer Einigung, der Vertrag wurde in Feldsberg von den drei Brüdern unterzeichnet. Karl wurde »Herr von Feldsberg und Herrenbaumgarten sowie Plumenau, Aussee und Czernahora in Mähren, Kaiserlicher Majestät Ge-

---

34 Derselbe, a. a. O., S. 15.
35 Jacob von Falke, a. a. O., S. 132 ff.

heimer Rat, Oberster Hofmeister, Kämmerer und Landeshauptmann von Mähren«, Maximilian »Herr auf Rabensburg, Hohenau sowie Butschowitz, Posoritz und Nowihrad, ebenfalls in Mähren und Kaiserlicher Reichshofrat«.

Gundacker erhielt den Titel »Graf zu Rittberg, Herr auf Wilfersdorf, Mistelbach, Poysdorf und Ringelsdorf, Kaiserlicher Majestät Hofkammerrat, Kämmerer des Erzherzogs Matthias und Verordneter der Landschaft Österreich unter der Enns«.

Das Verhältnis Karls zu Kaiser Rudolf II. entwickelte sich allerdings nicht günstig. Es kam schließlich zum Bruch zwischen beiden, Karl resignierte und zog sich nach Mähren zurück.

Inzwischen hatte sich auf seinem Sitz in Feldsberg Außerordentliches ereignet. Im Jahre 1605, am 10. Februar, war der Orden der »Barmherzigen Brüder« angesiedelt worden. Während Karl als Gesandter Kaiser Rudolfs II. in Rom weilte, erkrankten einige seiner Diener an Malaria und wurden von Mitgliedern des Ordens aufopfernd gepflegt. Karl bewog den Orden, in Feldsberg eine Niederlassung zu errichten und ein Krankenhaus aufzubauen. Er stellte den Brüdern ein kleines Lazarett zur Verfügung, das Lazarett zur hl. Barbara, das sich an der Stelle des heutigen Hochaltars der Klosterkirche befand. Es war dies die erste Ansiedlung der »Barmherzigen Brüder« nördlich der Alpen. Der Priester P. Johannes Baptist de Cassinetti hatte mit mehreren Fratres, die mit ihm gekommen waren, das große Werk begonnen, das später neben der Krankenpflege auch noch eine Chirurgenschule umfassen sollte, die bis zum Jahre 1854 in Betrieb war.[36] Wir werden in einem eigenen Kapitel darauf zurückkommen.

Politisch hatte sich Karl inzwischen ganz dem Erzherzog Matthias, dem Gegenpol Rudolfs II., angeschlossen. Die böhmischen

---

36 Joannes de Deo Sobel, Geschichte und Festschrift der Barmherzigen Brüder (1892), S. 11 ff.

Stände verhielten sich jedoch Matthias gegenüber abweisend, so daß dieser den militärischen Druck auf Prag verstärkte.

Es kam zum Vertrag von Lieben, in welchem Rudolf seinem Bruder die Herrschaft in Ungarn und Österreich und auch in Mähren offiziell abtrat (24. Juni 1608).

Nach der günstigen Entwicklung der politischen Lage erhob Matthias Karl von Liechtenstein am 20. Dezember 1608 in den erblichen Fürstenstand.

Die durch den Vertrag von Lieben an Matthias gekommenen Länder machten in der Religionsfrage teilweise Schwierigkeiten. Vor allem die protestantischen Stände von Niederösterreich und Oberösterreich wurden vor den Kopf gestoßen, so daß die Niederösterreicher aus Wien auszogen und in Horn einen gewissermaßen sezessionistischen permanenten Landtag bildeten, der unter der Führung des strengen Calvinisten Tschernembel stand. An die »Horner«, wie sie seither in der Geschichte genannt wurden, schlossen sich die Oberösterreicher an.

Hätte Matthias die Forderungen der »Horner« erfüllt, wäre der Friede umgehend möglich gewesen.

Der Grund für die unnachgiebige Haltung Matthias' war der unglückselige Einfluß des Kardinals Khlesl auf den Herrscher. Karl von Liechtenstein und auch Karl von Zierotin, der protestantische Landeshauptmann von Mähren, die beiden Jugendfreunde, bemühten sich aufrichtig um einen Ausgleich, sie konnten aber den Widerstand des Kardinals nicht überwinden.

Am 19. März 1609 kam es zwar zu einer wohlwollenden und nachgebenden Resolution von Matthias, dennoch hatte Khlesl nach wie vor Einfluß auf den König, so daß sich Karl verärgert und deprimiert auf seinen Besitz Eisgrub zurückzog.[37]

Er hatte aber das Wohlwollen seines Landesherrn nicht verloren, denn am 4. Jänner 1614 empfing er aus den Händen des Kaisers Matthias (Rudolf II. war schon verstorben) den Lehens-

---

37 Jacob von Falke, a. a. O., S. 166 ff.

Karl I.

brief über das Herzogtum Troppau. Es war dies eine Anerkennung der Verdienste Karls.[38]

Da Matthias kinderlos war, wurde Erzherzog Ferdinand von Innerösterreich zum Nachfolger des Kaisers bestimmt und am 29. Juni 1617 in Prag zum König gekrönt. Wenig später trat er auch in Ungarn als König die Nachfolge von Kaiser Matthias an.

Die Demolierung der Kirchen in Braunau und Klostergrab, die von den protestantischen Ständen Böhmens errichtet worden waren, führte zu einem Aufstand derselben, es kam zum »Zweiten Prager Fenstersturz« am 23. Mai 1618. Die Situation eskalierte weiter, Ferdinand wurde als König von Böhmen abgesetzt und Kurfürst Friedrich von der Pfalz am 4. November 1619 zum neuen König gewählt.

Im Jänner erklärten auch die Ungarn Ferdinand für abgesetzt und wählten am 8. Jänner 1620 Bethlen Gabor zum »Fürsten von Ungarn«. Dessen Truppen bedrohten im Frühjahr 1620 Wien und das nördliche Niederösterreich und zogen natürlich auch durch Feldsberg. Einige Monate später, im August des gleichen Jahres, waren es kaiserliche Truppen unter Dampierre, die durch die Stadt zogen. Auch in den folgenden Jahren zeigten sich immer wieder militärische Einheiten und verunsicherten die Gegend. Mit Mühe konnte der kaiserliche Feldherr Karl Bonaventura Graf Bouquoy Niederösterreich gegen die gemeinsam angreifenden ungarischen und böhmischen Truppen schützen.

Im Juli 1620 erhielt Fürst Karl I. vom Kaiser den Auftrag, sich im Heere des Grafen Bouquoy in Böhmen einzufinden. Er sollte in Zusammenarbeit mit den militärischen Dienststellen alle zivilen Angelegenheiten im Sinne des Kaisers regeln.

In der »Schlacht am Weißen Berg«, am 7. November 1620, konnte sich Kaiser Ferdinand entscheidend durchsetzen. Da Herzog Maximilian von Bayern, der eigentliche Statthalter,

---

38 Herbert Haupt, a. a. O., S. 22.

dringend nach München zurück mußte, setzte er Karl von Liechtenstein als seinen »Subdelegierten Commissarius« ein. Aus diesem Provisorium wurde bald eine dauernde Position. Die Ereignisse nach dem Zusammenbruch des »Böhmischen Aufstandes« haben in der Geschichtsschreibung, besonders in der böhmisch-tschechischen Geschichtsschreibung, zu heftigen nationalen Reaktionen geführt.

Am 22. November 1620 begann Karl von Liechtenstein mit seiner brieflichen Berichterstattung an den Kaiser. Diese Korrespondenz ermöglicht eine objektive Beurteilung der Rolle, die Karl bei der Verurteilung der böhmischen Aufständischen spielte.

Am 17. Jänner 1622 wurde Karl zum Statthalter von Böhmen ernannt, am 27 April 1622 bekam er den Orden vom Goldenen Vlies verliehen, nachdem ihm kurz zuvor für seine Verdienste Mährisch Trübau, Hohenstadt, Neustadt, Schönberg, Eisenberg und Goldenstein als Schenkung zugeeignet worden waren. Im Juli desselben Jahres erwarb er durch Kauf Landskron und Landsberg und erhielt außerdem das verlorene Troppau zurück. Überdies bekam er am 23. Mai 1623 den Lehensbrief für das Herzogtum Jägerndorf. Die Schenkung Neustadt wurde übrigens 1632 rückgängig gemacht.[39] Tatsächlich hatten alle drei Brüder Liechtenstein aufgrund ihrer militärischen und politischen Position nach der Schlacht am Weißen Berg die Möglichkeit, in Böhmen und Mähren Güter und Herrschaften unter sehr günstigen Bedingungen zu erwerben. HAUPT sagt dazu, daß es nicht Aufgabe der Geschichtsschreibung wäre, ein Urteil zu fällen, sondern den Gang der Ereignisse so exakt und wahrheitsgetreu wie möglich aufzubereiten und darzustellen.[40]

Fürst Karl von Liechtenstein war weder der charakterlose Handlanger des Kaisers, der sich an den eingezogenen Rebellengütern und der neuen Münzordnung skrupellos bereicherte,

---

39 Derselbe, a. a. O., S. 28.
40 Derselbe, a. a. O., S. 25.

Karl I.   31

noch war er jener blinde Protestantenfeind und Böhmenhasser, als den ihn die nationale tschechische Geschichtsschreibung hingestellt hat. HAUPT schreibt unter den Anmerkungen zu seinem Buch:

> »Das zum Teil verzerrte Geschichtsbild des Fürsten Karl von Liechtenstein beruht auch darauf, daß die besten und bis heute unübertroffenen Kenner der Quellenlage, wie CHLUMECKY, DUDIK, CHYTIL u. a. mehr oder minder überzeugte Anhänger des am Ende des 19. Jahrhunderts so stark ausgeprägten tschechischen Nationalismus waren. Sie verstanden den böhmischen Aufstand einseitig als Aufbruch in die nationale und religiöse Freiheit. Alle dagegen wirkenden Kräfte mußten eo ipso verdächtig und reaktionär-volksfeindlich wirken. Das kommt in den sonst so großartigen Schilderungen dieser Gelehrten auch deutlich zum Ausdruck.«[41]

Auch in einem 1970 in tschechischer Sprache erschienenen Buch über Feldsberg, das von einem Autorenkollektiv verfaßt wurde, finden wir diese Tendenz.[42]

Es haben aber in der Zeit zwischen 1620 und 1720 viele andere Familien auch Karriere gemacht. In diesem Zeitraum sind 103 inländische und 109 ausländische Adelsfamilien in den Herrenstand aufgerückt.[43]

Dieser etwas weit ausholende historische Teil war notwendig, um das politische, geistige, religiöse und soziale Umfeld der Zeit Karls I. von Liechtenstein und vor allem seines Sohnes Karl Eusebius näher zu erhellen.

---

41 Derselbe, a. a. O., S. 25 ff.
42 Metodej Zemek-Josef Polisensky, Valtice, S. 151 ff.
43 Karl Gutkas, Gesch. d. Landes Niederösterreich, S. 234.

2.2. Fürstliche Beamtenschaft

Fürst Karl von Liechtenstein hatte, um einen möglichst reibungslosen und wirtschaftlich ertragreichen Ablauf auf seinen Besitzungen zu sichern, verschiedene Dienste eingerichtet und diese mit genauen Instruktionen versehen. Der Titel dieser Instruktionen lautet:

> »Specification gesambter officirer besoldung, was bey ihr Fürst: Gnad: hierinnen verzeichneten herrschaften, dieselben sowol am geldt als auch andern victualien jährlich haben.«[44]

Darin wird der Verwaltungsaufbau der einzelnen liechtensteinischen Herrschaften in den letzten Lebensjahren des Fürsten ausführlich beschrieben. Es wird auch die jeweilige Jahresbesoldung der Beamten angeführt, was einen Einblick in die Dienststellung erlaubt. An der Spitze der Güterverwaltung stand der Pfleger, vereinzelt der Regent oder Hauptmann. Ihm folgte rangmäßig der Rentschreiber. Danach kamen meistens der Burggraf, Kastner und Waldreiter. Auf den kleineren Herrschaften fielen die Aufgaben des Kastners, Burggrafen und Rentschreibers oft zusammen.

Die einzelnen Dienste waren nun derart verteilt, daß die Pfleger, Regenten und Hauptleute ein »gottseliges exemplarisches Leben« führen und morgens und abends mit allen Untertanen zum gemeinsamen Gebet zusammenkommen sollten. Sie hatten weiters für Gehorsam und Respekt zu sorgen, sie hatten den Bauzustand aller fürstlichen Gebäude im Auge zu behalten. Ihnen oblag die Abhaltung des »Banntheidings« sowie die Überwachung der Waisen- und Spitalsrechnungen. Sie hatten auch viermal im Jahr die Polizeiordnung zu verlesen und für die Einhaltung derselben zu sorgen. Der Burggraf hatte ähnliche Aufgaben, jedoch in kleinerem Rahmen. Er führte gemeinsam mit dem fürstlichen Baumeister die baulichen Repa-

---

44 Fürstl. Liechtenstein'sches Hausarchiv HALW, H 153.

raturen und Arbeiten durch, die vom Pfleger angeordnet wurden. Weiters hatte er sich um die Erhaltung der Straßen und Wege zu kümmern.

Der Kastner war für die Landwirtschaft verantwortlich, er mußte wöchentlich Leistungsberichte und Abrechnungen abliefern. Die Überprüfung führte der Oberhauptmann durch, der allen fürstlichen Gütern und Herrschaften vorstand. Er sollte immer wieder überraschend die einzelnen Betriebe kontrollieren, er hatte besonders darauf zu achten, daß die Anordnungen des vergangenen Monats genau durchgeführt wurden. Auch die Eintragung in die Urbare war ihm vorbehalten. Über diesen Dienststellen stand ein besonderer Oberhauptmann, der am Hofe direkt dem Fürsten verantwortlich war. Dieser Oberhauptmann konnte mit Einverständnis des Fürsten Ämter neu besetzen und Amtleute vereidigen.

Der erste namentlich genannte Oberhauptmann am Hof ist Wenzel Katharin (1614–1617), es folgt Georg Flodt (1619–1621), diesem folgt Wenzel Sak von Bohumiewitz (1622–1625). 1625 wurde Johann Wenzel von Sedlnitzky zum Oberhauptmann bestellt, »der gestalt, daß er aller deren orten daß jenige in unserem nahmen schaffen, gebieten, verbieten, und unter unserer hand und secret insigel zugestellte instruction vermag und mit sich bringt ...«. Fürst Karl forderte alle Pfleger, Burggrafen und Regenten auf, »ermelten ... unsern verordneten oberhauptmann ... zu ehren und respectirn und in deme, waß er unsert wegen anbefiehlt, ihme gebührlichen Gehorsam leisten, auch in allen sachen, sonderlich so einer wichtigkeit, sich seines raths gebrauchen ...«.[45]

Das gesamte Hofwesen wurde vom fürstlichen Hofmeister verwaltet. Unter Karl I. übten dieses Amt Wenzel Katharin (1601–1613), Johann Hieronymus Mundtprodt (1614), Johannes Baptist Reichel (1621–1623) und Johann Falzian d. Ä.

---

45 Herbert Haupt, a. a. O., S. 37 ff.

(1624–1625) aus. Zum Hofmeister für seine Söhne Karl Eusebius und Hartmann wurde vom Fürsten am 28. Mai 1624 Josephus Gandelmus bestellt. In dem Ernennungsbrief heißt es:

»Thun hiemit kundt, dass wir zu unserer freundlichen lieben söhne ... hofmeister den gestrengen und sonders lieben Joseff Gandelmo ... bestellet ..., also dass er denen selben seinen besten verstand und vermögen nach, wie einem dergleichen hofmeister zustehet, trew fleissig vorstehen solle, damit unsre ermelte beyde liebe söhne mögen zur ehr gottes, unserem wohlgefallen und unsers ganzen fürstlichen hauses aufnehmen erbawet und erzogen werden ...«

Gandelmus erhielt ein Jahreshonorar von 1000 Gulden, freie Tafel und zwei Diener zu seiner persönlichen Verwendung.

Aus den Sterbematrikeln der Pfarre Feldsberg geht hervor:

»Den 20. Dec. 1652 für Hoffmarschaldt Josephus Freiherr von Gundelman im Gotteshaus Ceremonien des Begräbnisses.« Aus derselben Quelle ersehen wir: »3. Sept. 1653, Susanna Catharina de Gundelman, Tochter des Hofmarschalls Joseph Freiherr de Gundelman conduciert.«

Es dürfte sich hiebei um den ehemaligen Erzieher der Prinzen und seine Tochter handeln.[46]

Eine besondere Vertrauensstellung hatten die Kammerdiener inne. Durch den täglichen Umgang mit dem Fürsten unterschieden sie sich von den anderen Hofdiensten. In der Zeit Karls I. kennen wir die Namen Lorenz Sandt (1604), Hieronymus Merta (1606), Vitek Krystek (1614) und besonders lange, von 1614 bis 1622, Georg Slawikowsky. Von dessen Nachfolgern übten Christoph Feicht 1623–1626 (er wird auch gelegentlich Feüchner geschrieben) und Sebastian Reich 1625–1627 das Amt aus.[47]

Die Dienstsprache bei der Herrschaft war natürlich Deutsch. Wenn allerdings tschechische Untertanen in größerer Zahl vorhanden waren, wurden von den mittleren Beamten Kenntnisse

---
46 Sterbematrikeln der Pfarre Feldsberg.
47 Herbert Haupt, a. a. O., S. 16/17.

Karl I.

in der tschechischen Sprache gewünscht. Auf der böhmischen Herrschaft Aurinowes des Fürsten Johann Adam Andreas wurden um 1700 der Hauptmann, Rentmeister, Burggraf, Kastner, Forstmeister, Wirtschaftsbereiter, Fischmeister und Kontributionseinnehmer in deutscher Sprache vereidigt, in tschechischer Sprache die Untertanen und niedrigen Dienstnehmer, die mit den vorgesetzten höheren Beamten keinen Schriftwechsel führen mußten.[48] Dies ersehen wir übrigens auch beim Studium des Liechtensteinarchivs, das ja in deutscher Sprache geführt ist.

Es gehörte zum Prinzip bei den liechtensteinischen Beamten – es wird dies im Laufe der Jahre immer offensichtlicher – den Nachwuchs für die Beamtenlaufbahn aus den eigenen Reihen zu bilden. Dadurch entstanden Familien, welche durch Generationen dem Fürstenhaus dienten und eine eigene Beamtenhierarchie darstellten, die gar nicht so selten zur örtlichen Bevölkerung in einem spürbaren Gegensatz stand. Dies ist sehr deutlich aus dem Schriftverkehr der Herrschaften mit den zuständigen Gemeindeämtern zu ersehen, aus dem eine für die heutige Zeit ungewöhnliche Anmaßung zutage tritt. Im Stadtarchiv von Feldsberg gibt es zahlreiche Schriftstücke, aus denen dies ersichtlich ist. Aber auch innerhalb der Beamtenhierarchie hatte jeder Herrschaftsbeamte bzw. Dienstgrad einen genau definierten Platz, also eine Rangordnung, die streng beachtet wurde. Das kam natürlich in der Besoldung und in den Deputaten zum Ausdruck, wobei auch in Feldsberg, genauso wie auf den anderen Herrschaften vorgegangen wurde.[49]

---

48 Thomas Winkelbauer in: Der ganzen Welt ein Lob und Spiegel von Evelin Oberhammer, S. 105.
49 Thomas Winkelbauer, a. a. O., S. 103 ff.

2.3. Das Schloß

Der wachsende Besitz Karls und die Erlangung der Fürstenwürde im Jahre 1608 bewogen ihn, Feldsberg als seine Residenz auszubauen. Er beabsichtigte, ebenso wie zur gleichen Zeit Wallenstein in seinem Herzogtum Friedland, den Feldsberger Komplex zu einem Mustergut umzuwandeln. Es ist naheliegend, daß er dabei sein Hauptaugenmerk auf den Ausbau des Schlosses richtete. Leider sind archivalische Überlieferungen über die Bautätigkeit des Fürsten in Feldsberg sehr spärlich.[50] Aus erhaltenen Archivnachrichten können wir einzelne Schwerpunkte in der Bautätigkeit des Fürsten dennoch feststellen. Dies gilt besonders für den Ausbau der beiden fürstlichen Residenzen Feldsberg und Eisgrub.

Schon vor 1589 finden wir einen in Feldsberg tätigen Maurer Jacob Allio erwähnt. Wahrscheinlich handelt es sich um einen Angehörigen der berühmten Maurer- und Baumeisterfamilie der Allios, die für den Wiener Barock große Bedeutung hatte. Im Jahre 1604 wurde die alte Kapelle im Schloß renoviert, in den Jahren 1612 und 1613 scheint eine neue Bauphase begonnen zu haben. Am 16. Februar 1612 werden Arbeiten am »Schloßgepey« erwähnt, der Maurermeister Jacob, vielleicht identisch mit dem genannten Allio, erhielt für seine Arbeiten im Schloß Feldsberg wöchentlich vier Gulden Lohn, die mitgebrachten Gesellen jeweils zwei Gulden 15 Kreuzer und die Handlanger wöchentlich einen Gulden.

Aus dem Jahre 1613 stammt die Nachricht, daß dem Meister in Feldsberg für dieses Jahr die gleichen Naturaldeputate (Wein, Pferdefutter etc.) zustünden wie im vergangenen Jahr.[51] Zu dieser Zeit wurde ein guter Zimmermann nach Feldsberg gesucht, der sich besonders auf die »Wasserkunst verstehe«. Auch an der Stadtmauer wurden zu gleicher Zeit Arbeiten ver-

---
50 Gustav Wilhelm, Baugeschichte des Schlosses Feldsberg, S. 38.
51 Herbert Haupt, a. a. O., S. 41 ff.

richtet. Hier war allerdings der Fürst nicht zufrieden und bestrafte die Maurermeister der Stadt wegen überhöhter Forderungen mit je 30 rheinischen Gulden.

Vom August 1616 haben wir einen Beleg über den Ankauf von Glasscheiben für das Schloß in der Höhe von 649 Gulden und 10 Kreuzer. Ein relativ hoher Betrag, aus dem zu schließen ist, daß am Gebäude doch andauernd gearbeitet wurde.

Am 20. März 1621 ist erstmals der Name des bedeutendsten Baumeisters seiner Zeit, Giovanni Battista Carlone, in Feldsberg erwähnt. Er scheint in den folgenden Jahren die Hauptverantwortung für die Bautätigkeit im Schloß getragen zu haben. 1626 wurde nicht nur der Schloßbau fortgesetzt, auch ein neuer Stadtturm beim »Sambstag-tor« wurde errichtet.[52] Auch mit diesem Bau war Carlone betraut und selbst nach dem Tode des Fürsten Karl noch weiter auf Schloß Feldsberg tätig.

Mit der Arbeit des Steinmetz Antonio Crivelli auf dem Schloß war der Fürst nicht zufrieden, denn bereits nach einem Monat wurde der Vertrag mit ihm 1613 gekündigt. Die Erneuerungsarbeiten dürften aber fortgesetzt worden sein, denn am 27. Juli 1617 erhielten in Feldsberg tätige Stukkateure Abschlagszahlungen für ihre Arbeit am Schloß.

Durch andere Arbeiten, über die vorhandene Archivalien Auskunft geben, ersehen wir verschiedene in Feldsberg ausgeübte Berufe. Der Feldsberger Sattler z. B. erneuerte im Herbst 1604 die Füllung im Polstersitz des fürstlichen Wagens, der Arbeitslohn war 13 Kreuzer. Namentlich wurden Feldsberger Handwerker bei Tischlerarbeiten erwähnt. 1604 und 1605 Georg Ellinger (Öllinger), 1617 der Hoftischler Hans Zarg für Arbeiten im »frauenzimmer« mit 6 Gulden 4 Kreuzer entlohnt, derselbe ist 1619 nochmals mit zwei Arbeiten angeführt.

Auch für die Malerei haben wir gewisse Belege. Am 15. Februar 1599 brachte der aus Butschowitz stammende Maler

---

52 Derselbe, a. a. O., S. 42 ff.

Lorenz ein »gemähl« nach Feldsberg. Er erhielt 10 Gulden und 40 Kreuzer. Im März und Juni 1599 erscheint ein Meister Lorenz, diesmal aus Hohenau, in den Archivalien. Er bekommt für nicht näher bezeichnete Arbeiten auf Schloß Feldsberg zwei Abschlagszahlungen von insgesamt 48 Gulden.

Am 8. August 1613 beauftragte Fürst Karl einen namentlich nicht genannten Maler, auf Schloß Feldsberg die fürstlichen Herrschaften zu malen. Er hatte die Themen für die einzelnen Räume selbst ausgesucht, es sollten die Ehre und das Ansehen der fürstlichen Familie dadurch vergrößert werden.

Auch andere Arbeiten scheint der Fürst geplant zu haben, da im selben Jahr auch Schlosser und Schmiede in den Archivnachrichten aufscheinen. Am 3. November 1613 wird berichtet, daß der Schlossermeister Albrecht Stammüller aus Feldsberg in Zukunft die Arbeit des verstorbenen Meisters Wendl übernehmen werde. David Stöckhel ist ein weiterer Schlossermeister, der um 1620 und in den folgenden Jahren alle auf Schloß Feldsberg anfallenden einschlägigen Arbeiten verrichtete.

Einmal finden wir auch den aus Feldsberg stammenden Seidensticker Jakob de la Horne. Ihm wurde am 17. August 1613 der hohe Betrag von 2000 rheinischen Gulden ausbezahlt. Fürst Karl hatte sich mit dem Gedanken getragen, auf seinen Gütern die Seidenraupenzucht einzuführen. In den ersten Jahrzehnten des 17. Jahrhunderts waren auf der Herrschaft Feldsberg Versuche in dieser Richtung unternommen worden. Im Jahre 1623 standen 1118 Maulbeerbäume in Feldsberg und Bischofwarth, in Eisgrub wurden sogar bereits 1612, also 11 Jahre früher, 1384 dieser Bäume gepflanzt.[53]

Daß diese Versuche doch recht ernst gemeint waren, ersehen wir aus zwei Geschäftsabschlüssen des Fürsten mit Wiener Handelshäusern in den Jahren 1619 und 1623. Die entsprechenden Eintragungen finden sich im Liechtensteinarchiv:

---

53 Karl Gutkas, Geschichte des Landes Niederösterreich, S. 273.

Karl I.

»1619 (Seidenbau). Der reg. Fürst Karl von Liechtenstein contrahiert mit den Wiener Handelsleuten Camely und Tomaselli über ›Aufrichtung des Seidengewerbes‹ in Feldsberg.«

Ein zweiter Vermerk einige Jahre später:

»1623 (Seidenbau). Der reg. Fürst Karl von Liechtenstein schließt einen Vertrag mit Giulini wegen des Seidenwerkes in Feldsberg: letzterer hat Seidenbau und Seidenhandel auf allen fürstlichen Besitzungen möglichst zu fördern, wofür ihm alle Maulbeerblätter von denselben zu liefern sind.«[54]

Aus diesen Eintragungen ist allerdings nicht ersichtlich, wie lange dieses Projekt betrieben wurde. Das Handelshaus werden wir übrigens bei Fürst Karl Eusebius wiederfinden.

Im Jahre 1625 lud Fürst Karl I. den Franziskanerorden ein, wieder nach Feldsberg zu kommen. Der im Wortlaut zu lesende Brief befindet sich aus bestimmten Überlegungen bei der Epoche des Fürsten Johann Adam Andreas. Erst ihm gelang es nämlich, den Orden wieder nach Feldsberg zu bringen.

2.4. Die Stadt, ihre Struktur, ihre Entwicklung.

Im Jahre 1625 erließ der Fürst ein Privileg an seine Stadt Feldsberg. Da damals, in den ständigen Kriegszeiten, die Soldaten ihren Wehrsold gewöhnlich in Bargeld bekamen, mußten sie sich ihre Verpflegung und Lebensmittel selbst in dem jeweiligen Gebiet kaufen, und man kann sich vorstellen, wie die arme Bevölkerung ausgebeutet und drangsaliert wurde. Das Land war bald ausgesaugt und erschöpft. Die Lage war derart schlecht, daß eine amtliche Preisregelung eingeführt werden mußte, die natürlich die Situation in keiner Weise besserte. Das Vieh war von den Soldaten weggetrieben und geschlachtet worden, die Felder konnten nur zu einem kleinen Teil bestellt werden, die Schäden an Natur und Landwirtschaft waren ge-

---

54 Fürstlich Liechtenstein'sches Hausarchiv HALW, H 1605.

waltig. Deshalb gewährte Fürst Karl I. den Bürgern der Stadt gewisse Freiheiten und Privilegien, um sie für die Verluste zu entschädigen. Ein Original dieses Privilegs liegt im Stadtarchiv Feldsberg, das sich derzeit im Bezirksarchiv in Nikolsburg, Mikulov, befindet. Es wurde am 28. Juni 1625 in Eisgrub ausgestellt, die Erneuerung durch Johann Adam Andreas ist im Anhang in vollem Wortlaut zu lesen.

Die maßgeblichen Punkte sollen aber doch in aller Kürze hier gebracht werden, um die daraus sich ergebenden Folgen zu verstehen:

»1. Robotbefreiung der Bevölkerung mit gewissen Einschränkungen. Es muß dafür ein Robotgeld abgeliefert werden, das nach der Größe des Besitzes gestaffelt ist.
2. Die Gemeinde erhält das Recht, selbst zu entscheiden, wer zuziehen und wer abwandern darf. Ausdrücklich sind Juden in dieser Ermächtigung inbegriffen.
3. Die Gemeinde erhält das Recht, über ihre Waisenkinder selbst zu entscheiden.
4. Die Stadt bekommt das Recht, an bestimmten Feiertagen und zu den Jahrmärkten selbst und für eigenen Gewinn Wein auszuschenken.
5. Das Stadttor mit Turm (Badtor) und Garten wird der Stadt zugeeignet.«

Über diese Punkte finden sich tatsächlich verschiedene Unterlagen, die das Ausmaß und die Auswirkung dieser Privilegien deutlich machen. Überdies haben wir damit eine weitgehend vollständige Namensliste der Stadtbürger und ihrer sozialen Situation. Aus der Liste der Bürger, die das Robotgeld zu bezahlen haben, ergibt sich nämlich ein interessanter Einblick in die Besitzverhältnisse der Einwohner, die in den acht Stadtvierteln lebten. Wir finden dabei Namen von Männern, die auch in öffentlichen Funktionen zu Ehren kamen. Nicht minder interessant und aufschlußreich ist in diesem Zusammenhang auch eine Waisenliste aus dem Jahre 1612, die hier ebenfalls angeführt werden kann.

Bevor die umfangreichen Listen und Verzeichnisse, die bereits erwähnt wurden, gebracht werden, soll kurz auf die Juden eingegangen sein:

Das Grenzgebiet gegen Mähren, die Slowakei und gegen Ungarn bot durch das bestehende Kultur- und Wirtschaftsgefälle größere Verdienstmöglichkeiten. Die Landjuden, die hier lebten, beschäftigten sich in erster Linie mit Hausierhandel mit Fellen, Federn, Häuten, Wolle, Werg, Hanf, Unschlitt, Wachs und Abfallprodukten. Sie brachten Pferde aus Mähren, Ochsen und Schafe aus Ungarn.

Mit der Ausweisung der Juden durch Kaiser Leopold im Jahre 1669 werden wohl auch die Feldsberger Juden die Stadt verlassen haben. Die meisten ließen sich gleich über der Grenze in Mähren nieder. In Feldsberg gab es damals 14 jüdische Familien.[55]

Auch die Pfarrchronik berichtet über die Vertreibung der Juden.

Dadurch, daß Feldsberg von Fürst Karl I. als Residenzstadt ausersehen wurde, hatte sich natürlich ein beträchtlicher wirtschaftlicher Aufschwung ergeben. Über die Berufe der Bürger wird, großteils unabhängig von diesem Kapitel, an anderen Stellen, besonders bei den handwerklichen und künstlerischen Arbeiten am Schloß, berichtet. Es ist aber dennoch interessant, wie sich die Führung der Stadt, also vor allem der Magistrat, entwickelt hat und wie sich sein Verhältnis zur Obrigkeit gestaltete. Natürlich hatte die fürstliche Herrschaft absolute Befehlsgewalt. Ein Beispiel sind die Wahlen zu jener Zeit. Der Wahlvorschlag der von den Wahlmännern erstellt wurde, mußte dem Pfleger oder dem Burghauptmann vorgelegt werden, und dieser entschied, ob der Vorschlag angenommen wurde. Da wir im 17. Jahrhundert viele Namen als Bürgermeister finden, scheint die Funktionsperiode derselben kurz gewesen zu sein. Keineswegs dürfte aber eine eventuelle Unzufriedenheit der Herrschaft dafür die

---

55 Karl Gutkas, Geschichte des Landes Niederösterreich, S. 270.

Ursache sein, denn wir finden manche Namen nach kurzer Unterbrechung noch einmal oder zweimal wieder.

Zur Veranschaulichung ist es nützlich, zuerst einmal das Verzeichnis des Robotgeldes der Stadt Feldsberg zu betrachten, denn damit erfassen wir, wie gesagt, den Großteil der Bürger. Die von der Zahlung des Robotgeldes befreiten Inwohner sind getrennt angeführt:[56]

»Verzaichnus des Robothgeldts bey der Stat VeltsPerg von Heüßern undt Ackhern in allen acht Viertteln auf Ao 1634

Erst Vierttel in der Mittichen Statt: .... *fl*	*Kr*	*den*
Merth Wibauer............ 1	30	–
31½ Gewantten Ackher............ 5	15	–
Carl Stübel............ 1	30	–
41 Gewantten Ackher............ 6	50	–
Matheus Eckhelhardt............ 1	30	–
51 Gewantten Ackher............ 8	30	–
Wolff Stöckhel............ 1	30	–
39½ Gewantten Ackher............ 6	35	–
Hanß Unverzagt............ 1	30	–
7 Gewantten Ackher............ 1	10	–
Märtin Strackha............ 1	30	–
3 Gewantten Ackher............ –	30	–
Hanß Walterstain............ 1	30	–
Geörg Schega............ 1	30	–
Paull Müllner............ 1	30	–
27½ Gewantten Ackher............ 4	35	–
Hanß Leopold............ 1	30	–
2½ Gewantten Ackher............ –	30	–
Frau Senattin............ 1	30	
31½ Gewantten Ackher............ 5	15	–
Matheus Schobinger............ 1	30	–
19 Gewantten Ackher............ 3	10	–
Conrat Serz............ 1	30	–
Thobiaß Obst............ 1	30	–
Lorenz Singer............ 1	30	–

---

56 Fürstlich Liechtenstein'sches Hausarchiv HALW, H 1605.

Karl I. 43

	fl	Kr	den
Geörg Sieber	1	30	–
6 Gewantten Ackher	1	–	–
Mathias Beckh	1	30	–
5 Gewantten Ackher	–	50	–
Hanß Gander	1	30	–
7½ Gewantten Ackher	1	15	–
Geörg Ladner	1	30	–
13½ Gewantten Ackher	2	15	–
Frau Preischoffin, 15 Gewantten Ackher	2	30	–

Ander Viertl in der Mittichen Statt:

	fl	Kr	den
Paull Offner	1	30	–
8½ Gewantten Ackher	1	25	–
Philipp Hassinger	1	30	–
12½ Gewantten Ackher	2	5	–
Herrn Samuel Perger	1	30	–
12½ Gewantten Ackher	2	5	–
Philipp Neidthardt	1	30	–
1½ Gewantten Ackher	–	15	–
Samuel Märtini	1	30	–
Dietrich Bortier	1	30	–
Egidius Probst	1	30	–
Christoff Endel	1	30	–
Hanß Wolla	1	30	–
3 Gewantten Ackher	–	30	–
Andre Billing	1	30	–
Simon Wißinger	1	30	–
28½ Gewantten Ackher	4	5	–
Adam Ott	1	30	–
Augustin Khinzel	1	30	–
Wolff Gebhardt	1	30	–
72 Gewantten Ackher	12	–	–
Geörg Rundt	1	30	–
3 Gewantten Ackher	–	30	–
Mathias Reichartin	1	30	–
36½ Gewantten Ackher	6	5	–
Balthaußer Stryglin	1	30	–
5 Gewantten Ackher	–	50	–
Hanß Bittermann	1	30	–

	fl	*Kr*	*den*
56½ Gewantten Ackher	9	25	–
Michel Böz	1	30	–
43 Gewantten Ackher	7	10	–
Christoph Hagenetter, 6½ Gewantten Ackher	1	5	–

Erste Viertl in der Sambstag Statt:

	fl	*Kr*	*den*
Gemein Hauß	1	30	–
Eraßmus Marquart	1	30	–
Marx Filze	1	30	–
Melcher Hurberin	1	30	–
Hanß Gran	1	30	–
Geörg Singer	1	30	–
7½ Gewantten Ackher	1	15	–
Christoff Ennl	1	30	–
Melchior Khalser	1	30	–
7½ Gewantten Ackher	1	15	–
Michel Frölich	1	30	–
Jacob Steinbrecherin	1	30	–
2½ Gewantten Ackher	–	25	–
Geörg Wallin	1	30	–
Andre Salzgeber	1	30	–
7 Gewantten Ackher	1	10	–
Philipp Stubin	1	30	–
Nickhlaß Vogl	1	30	–
Michel Khalser	1	30	–
4 Gewantten Ackher	–	40	–
Andre Lederer	1	30	–
28 Gewantten Ackher	4	40	–
Thomas Strobel	1	30	–
5 Gewantten Ackher	–	50	–
Geörg Wäßner	1	30	–
20 Gewantten Ackher	4	50	–
Andre Eühler	1	30	–
26 Gewantten Ackher	4	20	–
Andre Ginter	1	30	–
7 Gewantten Ackher	1	10	–
Geörg Pitsch	1	30	–
Christoff Altmann	1	30	–

Karl I.

	fl	Kr	den
Märtin Wägerle	1	30	–
12 Gewantten Ackher	2	–	–
Merth Prölligin,			
2½ Gewantten Ackher	–	25	–

Ander Viertl in der Sambstag Statt:

Hanß Hauermüller	1	30	–
7½ Gewantten Ackher	1	15	–
Hanß Zusan	1	30	–
5 Gewantten Ackher	–	50	–
Leopold Tempel	1	30	–
16 Gewantten Ackher	2	40	–
Hanß Gaßner (Baßner ?)	1	30	–
19½ Gewantten Ackher	3	15	–
Hanß Limprunner	1	30	–
6½ Gewantten Ackher	1	5	–
Hanß Franz	1	30	–
Zacharias Obstin	1	30	–
Hanß Sizenfrey	1	30	–
7½ Gewantten Ackher	1	15	–
Hanß Landauer	1	30	–
Märtin Khirchner	1	30	–
76 Gewantten Ackher	12	40	–
Jacob Worel	1	30	–
Hanß Khirchberger	1	30	–
Geörg Arnolt	1	30	–
2 Gewantten Ackher	–	20	–
Christoff Geschwendt	1	30	–
Bärtl König	1	30	–
Paull Freundl	1	30	–
Hanß Jacob Schorn	1	30	–
Hanß Forster	1	30	–
Michel Köberle	1	30	–
Lorenz Gratschmar	1	30	–
Hanß Adelwange	1	30	–
Geörg Schuster	1	30	–
2½ Gewantten Ackher	–	25	–
... Diethmar	1	30	–
Jacob Stattler	1	30	–

	fl	Kr	den
1½ Gewantten Ackher	–	15	–
Wolff Wuster	1	30	–
8½ Gewantten Ackher	1	25	–
Hanß Tüchler	1	30	–
3 Gewantten Ackher	–	30	–
Michel Stöckhell	1	30	–
6 Gewantten Ackher	1	–	–
Wolff Arnolt	1	30	–
7½ Gewantten Ackher	1	15	–

Rosenfelder Viertl:

	fl	Kr	den
Andre Zusan	1	30	–
Thomas Rundt	1	30	–
Hein Binder	1	30	–
8 Gewantten Ackher	1	20	–
Andre Zägler	1	30	–
Merth Pflueg	1	30	–
Thomas Strobel	1	30	–
7½ Gewantten Ackher	1	15	–
Hanß Khalser	1	30	–
3 Gewantten Ackher	–	30	–
Geörg Wolff	1	30	–
2 Gewantten Ackher	–	20	–
Geörg Roppolt	1	30	–
4½ Gewantten Ackher	–	45	–
Hanß Ackerl	1	30	–
Adam Schenckh	1	30	–
Mathias Erdel	1	30	
Christoff Zenger	1	30	–
2½ Gewantten Ackher	–	25	–
Geörg Engelmayer	1	30	–
5 Gewantten Ackher	–	50	–
Balthaußer Oblishaußer	1	30	–
Hanß Fischer	1	30	–
Simon Romer	1	30	–
Hanß Höckhardt	1	30	–
Steffan Göller	1	30	–
Andre Pinackhel	1	30	–
Jacob Welzer	1	30	–

Karl I.

	fl	Kr	den
Geörg Wegner	1	30	–
Gregor Sembler	1	30	–
Ulrich Schneider	1	30	–
Hanß Ziegler	1	30	–
5½ Gewantten Ackher	–	55	–
Michel Andre	1	30	–
27½ Gewantten Ackher	4	35	–
Mathiaß Schuster	1	30	–
3 Gewantten Ackher	–	30	–
Dauidt Fux	1	30	–
Michel Wahl	1	30	–
Hanß Pottin	1	30	–

Göltsching Viertel:

	fl	Kr	den
Matheuß Wolff	1	30	–
Michael Christ	1	30	–
Carl Stübel	1	30	–
Hanß Heinrich	1	30	–
Hanß Pfeiler	1	30	–
Michel Arnolt	1	30	–
8½ Gewantten Ackher	1	25	–
Hanß Pursackhin	1	30	–
3 Gewantten Ackher	–	30	–
Lorenz Singer	1	30	–
32 Gewantten Ackher	5	20	–
Lorenz Pauerin	1	30	–
Michel Schmidt	1	30	–
9 Gewantten Ackher	1	30	–
Balthaußer Falz	1	30	–
Hanß Schuckher	1	30	–
3 Gewantten Ackher	–	30	–
Gotthart Prembheißel	1	30	–
35½ Gewantten Ackher	5	55	–
Wilhelm Rauch	1	30	–
5½ Gewantten Ackher	–	55	–
Marx Müllner	1	30	–
Paull Schwarz	1	30	–
Hanß Hoffer	1	30	–
Balthaußar Petrasch	1	30	–

	fl	Kr	den
25 Gewantten Ackher	4	50	–
Leonhardt Schedler	1	30	–
31 Gewantten Ackher	5	10	–
Merth Poll	1	30	–
Thomas Trummer	1	30	–
1 Gewantten Ackher	–	10	–
Geörg Zimmermann	1	30	–
Lorenz Arnolt	1	30	–
1 Gewantten Ackher	–	10	–
Hanß Limmerer	1	30	–
Geörg Welser	1	30	–
2 Gewantten Ackher	–	20	–
Lorenz Sailler	1	30	–
3 Gewantten Ackher	–	30	–
Thomas Christ	1	30	–
8 Gewantten Ackher	1	20	–
Paull Luderer	1	30	–
1½ Gewantten Ackher	–	15	–
Christoff Karger	1	30	–
14 Gewantten Ackher	2	20	–
Zimmerleuth Hauß	1	30	–
Brueder Hauß	1	30	–
Bartl Pollhaus	1	30	–
Christoff Unverzagt	1	30	–
5 Gewantten Ackher	–	50	–
Jacob Stix	1	30	–
14 Gewantten Ackher	2	20	–
Thomas Behaimb	1	30	–
Geörg Ott	1	30	–
Andre Stumpff	1	30	–
Andre Gemainwieser	1	30	–
1 Gewantte Ackher	–	10	–
Gregor Sulz	1	30	–
6 Gewantten Ackher	1	–	–
Christoff Schuester	1	30	–
8½ Gewantten Ackher	1	25	–
Thomas Koller	1	30	–
Simon Volckh	1	30	–
Leonhardt Khein	1	30	–

Karl I.

	fl	Kr	den
Geörg Andre	1	30	–
5½ Gewantten Ackher	–	55	–
Matheuß Steüerin,			
2 Gewantten Ackher	–	20	–

Pfaffen Vierttel:

Hanß Stix	1	30	–
27 Gewantten Ackher	4	30	–
Peter Hackh	1	30	–
Lorenz Ott	1	30	–
Nicklaß Birkh	1	30	–
Balthauser Wißinger	1	30	–
1½ Gewantten Ackher	–	15	–
Paull Schickhetanz	1	30	–
10 Gewantten Ackher	1	40	–
Paull Bindigarbel	1	30	–
7 Gewantten Ackher	1	10	–
Geörg Lamprecht (Hamprecht?)	1	30	–
Bärtl Leischner	1	30	–
Andre Pfister	1	30	–
Geörg Schlair	1	30	–
Gottfriedt Fiebinger	1	30	–
Hanß Schwarzhueber	1	30	–
Antoni Schuester	1	30	–
2 Gewantten Ackher	–	20	–
Balthaußer Schalßer	1	30	–
14½ Gewantten Ackher	2	25	–
Valentin Hey	1	30	–
Christoff Daffner	1	30	–
Hanß Tempel	1	30	–
Merth Tempel	1	30	–
Michel Siegl	1	30	–
Geörg Weiß	1	30	–
Mathiaß Schönhiettel	1	30	–
2 Gewantten Ackher	–	20	–

Hoffstetter Vierttel:

Leonhardt Serz	1	30	–
Paull Roßmiller	1	30	–

	fl	*Kr*	*den*
Bärtl Erdl	1	30	–
Ludwig Bair	1	30	–
Geörg Grümmer	1	30	–
Jäger Hauß	1	30	–
Bärtl Schram	1	30	–
Jacob Waschga	1	30	–
Bernhardt Reütter	1	30	–
Christoff Fehter	1	30	–
Hanß Stöckhel	1	30	–
Marx Max	1	30	–
Heinthalier	1	30	–
Geörg Schulz	1	30	–
Adam Neübauer	1	30	–
3 Gewantten Ackher	–	30	–
Andre Khalßer	1	30	–
16 Gewantten Ackher	2	40	–
Geörg Eckhert	1	30	–
5 Gewantten Ackher	–	50	–
Hieronimus Spreinen	1	30	–
Jacob de Auenga	1	30	–
Philipp Salzerin	1	30	–
Geörg Pauer	1	30	–
2 Gewantten Ackher	–	20	–
Lorenz Alraumb	1	30	–
Geörg Zulber	1	30	–
Anthony Khloß	1	30	–
Christoff Rauer	1	30	–
Geörg Staffenberger	1	30	–
Paull Schizner	1	30	–
Geörg Liemmerin, ½ Gewantten Ackher	–	5	–

Summarum Des gantzen völligen Roboth geldt
535 fl 10 kr – den

Abzug der Öeden Heüßer, wie auch Derren so zu Ihr. Fürstl. Gn. gebeu genohmen und das Robothgeldt von solchen in dem Fürstl. Rentambt abgezogen wirdt, auf das ano 1634: jährig.

Karl I.

	fl	Kr	den
Conrad Serz	1	30	–
Thobias Obst	1	30	–
Lorenz Singer	1	30	–
Bruder Hauß	1	30	–
Bärtl Pollen Hauß	1	30	–
Jäger Hauß	1	30	–
Geörg Staffenberger	1	30	–
Zimmerleuth Hauß	1	30	–
Carl Stiebel in der Vorstatt	1	30	–
Geörg Brunner	1	30	–
Hanß Stöckhel	1	30	–
Adam Scheckh	1	30	–
Jacob de Auenga	1	30	–
Hanß Pottin	1	30	–

Befreitte Heüßer.

Herr Samuel Perger	1	30	–
12½ Gewantten Ackher	2	5	–
Frau Senatin	1	30	–
31½ Gewantten Ackher	5	15	–
Herr Wolff Stöckhl	1	30	–
39½ Gewantten Ackher	6	35	–
Herr Märtin Kirchner	1	30	–
76 Gewantten Ackher	12	40	–
Frau Preischoffin,			
15 Gewantten Ackher	2	30	–
Wolff Gebhardt	1	30	–
72 Gewantten Ackher	12	–	–
Augustin Khinzel	1	30	–
Gotthardt Prembheißel Burgermeister	1	30	–
35½ Gewantten Ackher	5	55	–
Andre Billing Stattrichter	1	30	–

Summa des Abzugs 81 fl 30 kr.
Solche 81 fl 30 kr. von dem völligen Robothgelt
der 535 fl 10 kr. abgezogen
verbleibt in Ihr Fürstl. Dl. Rentambt zuerstatten   453 fl 40 kr. – den

Zu mehrer Glaubwirdigung ist Dieße Roboth Verzaichnus mit gemeiner Statt VeldsPerg Insigel verfertigt worden Actum den 29. Septemb. 1634.«

Punkt 3 des Privilegs befaßt sich mit den Waisenkindern der Stadt. Es war dies immer ein sehr sensibles Problem, denn die Versorgung dieser Hinterbliebenen mußte auf jeden Fall und zu jeder Zeit gesichert sein.

Leider haben wir aus den 20er Jahren keine näheren Unterlagen, dennoch besitzen wir bestimmte Anhaltspunkte, die wohl einige Jahre früher entstanden, trotzdem aber wertvoll sind. Wir haben nämlich einen recht interessanten Bericht, ein Waisenprotokoll der Herrschaft Feldsberg aus dem Jahre 1612, das im April 1939 von Dr. Walter PONGRATZ in der historischen Zeitschrift »Adler« gebracht wurde. Es verzeichnet den verstorbenen Untertan und dessen Kinder mit Altersangabe, nach Orten geordnet. Der genaue Titel des Faszikels lautet: »Waisenbeschreibung bey der Herrschaft Veldsperg samt derselben zugehörigen Dörfer und Gerechtigkeiten, beschehen durch den edlen und gestrengen Herrn David von Tschiernhaus und Neudorff, Hauptmann bei den Herrschaften Feldsperg und Paumgarten, den 2. Jänner 1612.«

Der Autor des Artikels hält weiters fest, daß die Namen innerhalb der Orte phonetisch geordnet sind, die Zahl bei den Vornamen gibt das Alter an.

Es wäre noch zu erwähnen, daß in diesem Waisenprotokoll alle Ortschaften angeführt sind, in denen der Fürst Untertanen hatte:

Feldsberg, Herrenbaumgarten, Reinthal, Katzelsdorf, Schrattenberg, Garschönthal, Oberthemenau, Unterthemenau, Bischofwart, Walterskirchen, Stützenhofen, Poysbrunn, Schweinburg (es dürfte wohl Schweinbarth gemeint sein).

Uns interessiert natürlich vor allem Feldsberg:

Abert Caspar: Martha 20; Adam Georg: Georg 16; Allramb Georg: Michael 11, Lorenz 9; Arnoldt Matl: Matl 21; Arnoldt Philipp: Hans 23, Georg 18, Lorenz 16; Paumahn Michael: Margaretha 9, Ursula 7; Paurnfeindt Hans: Mathes 9; Behamb Bärtl: Thomas 17; Perger Wolf: Elisabeth 5; Perger Georg:

Karl I. 53

Elias 5; Pflueg Thomas: Melchart 17; Bütsch Balthauser: Georg 25; Bletsch Hans: Susanna 18; Prändl Philipp: Gertraud 17, Hans 22; Prantner Mathes: Susanna 16; Preßlach Michael: Mathes 15; Pröstl Sigmund: Georg 20; Pröstl Hans: Michael 27, Thomas 17, Maria 21, Katharina 11;
Khalsch Simon: Michael; Gantner Merth: Hans 22, Merth 20, Mathes 19, Paul 17, Eva 12; Khöbler Andre: Barbara 27; Kheller Jakob: Andreas 12; Kheüf Michael: Merth 22;
Khübler Georg: Stephan 20, Hans 19, Georg 16, Gregor 18; Khüttner Valentin: Abraham 28; Khobinger Tobias: Mathl 14; Companius Melchart: Bernhart 20, Sophie 18; Krackher Hans: Ursula 15, Georg 13; Cramer Nikl: Gertraud 14; Grüen Balthasar: Jakob 25; Grün Hans: Hans 13; Grüen Thomas: Mathes 15; Türcker Lorenz: Appolonia 16; Thrasmer Paul: Maria 15; Tschuckher Hans: Hans 17; Aicher Georg: Michl 19, Hans 5, Georg 2; Hammer Georg: Waltburga 37; Hammermüller Christoph: Rosina 20; Harthauser Wolf: Anna 23; Hierlbeck Wolf: Margaretha 23; Holzer Sebastian: Merth 13, Barbara 10; Hombrecht Hans: Georg 10, Barbara 6; Limmerer Wastl: Anna 17; Limbrunner Christoph: Maria 17; Maister Mathl: Anna 15; Muster Jakob: Maria 10; Muster Georg: Wolf 15, Georg 11, Veit 11, Katharina 8; Nickher Heinrich: Maria 16; Obermair Paul: Georg 18, Gabriel 16; Omulckhus Balthasar: Carl, Georg, Christoph, Catharina; Ramb Mathes: Eva 12; Reisinger Andre: Lorenz 7, Georg 6, Wolf 4, Mathl 3; Rösch Christoph: Jakob 18, Leonhart 17; Rueprecht Hans: Balthasar 28; Samb Mathes: Hans 29; Scherczer Augustin: Lorenz 1; Schiller Paul: Anna 22; Schüttler Hans: Barbara 16, Anna 14, Appolonia 10; Schmidt Hans: Anna 13; Schotter Valentin: Christoph 16, Margaretha 15, Elsbeth 12; Seereütter Thobias: Susanna 21, Regina 13, Georg 11; Singer Daniel: Anna 21; Singer Stephan: Magdalena 27, Regina 14; Singer Christoph: Maria 20, Barbara 15, Anna 15; Singer Georg: Wolf 17; Steügl Hans: Balthasar 22; Stainbrecher Georg: Ursula 21; Steürer Georg: Mattias 15; Stüx Thomas:

Anna 20, Susanna 16; Ströbl Caspar: Hans 24, Thomas 16; Unverzagt Georg; Anna 5; Wasserhauser Marx: Hans, Agnes, Elisabeth, Georg, Maria; Weiß Lorenz: Georg 15, Elsbeth 11; Weiß Peter: Gertraud 27, Regina 23, Thomas 21, Salomon 18; Welser Paul: Georg 16, Wigliczer Leonhard: Paul 19, Anna 12; Wittib (?) Mathl: Susanna 20; Zägler Paul: Stephan; Zenger Michael: Anna 21; Zinck Christoph: Georg 14.

Daß dem Fürsten das Schicksal der Waisen am Herzen lag, können wir im Privilegium aus dem Jahre 1625 ersehen. Etwas erstaunlich erscheint, daß in diesem Protokoll auch relativ alte Nachkommen als Waisen geführt werden, und außerdem ist man überrascht, daß die Kinderzahl in den Familien gar nicht so hoch war, wie man vermutet hätte. Diese Waisenprotokolle sind höchstwahrscheinlich nichts anderes als Erberklärungen, Testamente, denn aus dem Jahre 1638 finden wir im Stadtarchiv Feldsberg ein »Verzaichnus aller derren, Welcher verlassenes Ghuett nach Absterben auff Khind : und and. Erben verschafft od. theilt worden, sowohl derselben Khind und Erben-Nahmen«. Darunter eingeteilt in

»Die Erbschaft riert her von:« und »Erben sein:«.

Und hier finden wir natürlich Namen von Erben, die schon längst im Berufsleben stehen.[57]

Punkt 4 des Privilegiums bezieht sich auf den Weinausschank der Gemeinde. Darüber gab es immer wieder Streit zwischen dem Magistrat und der Herrschaft. Dieser wurde zwar durch die Bewilligung entsprechend dem Privileg etwas entschärft, beigelegt wurde er damit jedoch nicht, denn er zog sich noch durch Generationen weiter dahin.

Punkt 5 des Privilegs bestätigt der Gemeinde, daß sie das Stadttor und den Stadtturm (Badturm) in Besitz nehmen kann. Sie ist allerdings auch für die Instandhaltung verantwortlich. Jedoch bekommt die Gemeinde die Standgebühren der dort

---

57 Stadtarchiv Feldsberg, Waysengeltliche Ausgab 1638–1672.

Karl I.

stehenden Verkaufsläden sowie die dort vorhandenen Wohnungen.

Einen interessanten Einblick in die soziologischen Verhältnisse in der Stadt bietet uns eine Verfügung »Pollicey: Undt Ordnung Wie eß bey der Fürstl: Liechtenst: Herrschaft Feldtsperg bies dato auf allen Flecken gehaltten = und vorgelößen worden, 1623«.

Nun ist diese Verfügung, die unter dem Titel mit dem Jahr 1623 bezeichnet ist, ein wenig rätselhaft bezüglich ihres Ursprungs. Sie beginnt nämlich wie alle Privilegien, Verordnungen und Verfügungen: »Wir Carolus Eusebius Vonn Gottes Gnaden, des Heyl: Röm: Reichs Fürst und Regierer des Haußes Liechtenstein ...«, hat aber am Ende des 21 Seiten langen Schreibens kein Datum und keine Unterschrift.

Das Jahr 1623 kann mit Karl Eusebius nicht übereinstimmen, denn Fürst Karl I. starb erst 1627. Es gibt nur die Erklärung, daß diese »Policeyordnung« 1623 von Karl I. erlassen und dann von seinem Sohn und Nachfolger erneuert wurde. Allerdings muß dazu gesagt werden, daß die Niederschrift dieser Erneuerung in einer für die damaligen Verhältnisse auffallend oberflächlichen Art erstellt wurde. Am ehesten dürfte es sich also dabei um das Konzept für eine geplante Verfügung des Fürsten Karl Eusebius handeln, die allerdings in Reinschrift bisher nirgendwo aufschien. In zahlreichen kurzen Anordnungen und Befehlen wird hier die Situation der damaligen Zeit in der Stadt treffend charakterisiert, und es bietet sich ein wirklich wertvoller Einblick in das Leben Feldsbergs im 17. Jahrhundert. Das Schreiben befindet sich im Wortlaut im Anhang.[58]

2.5. Berufe

Betrachten wir die Berufe in der Stadt, so ist es recht interessant, daß bereits aus dem Jahre 1582 die älteste Urkunde der Schnei-

---

58 Fürstlich Liechtenstein'sches Hausarchiv HALW, H 171.

derinnung datiert.[59] Den Schustern erteilte Karl von Liechtenstein in Feldsberg am 3. April 1605 ein Privileg, es wurde am 13. Februar 1641 und am 7. Dezember 1688 neuerlich bestätigt. Es befindet sich im Wortlaut im Anhang.

Bei der ebenerwähnten Schneiderinnung gibt es ebenfalls ein Privilegium, vom 20. Juni 1612, das gleichfalls von Karl I. erteilt und am 14. Juni 1683 von Karl Eusebius erneuert wurde.

Bei der Schneiderzunft gibt es sogar ein Meisterregister für Feldsberg und die umliegenden Ortschaften, in dem wir als erste Eintragung finden:

»Hanns Püchler ist Meister worden in dem 75. Jahr (1575), weitere Schneidermeister werden in Feldsberg

Martin Gantner	im Jahre	1577
Michel Weiß	—"—	1590
Balthasar Früch	—"—	1591
Conrad Pergmann	—"—	1591
Conrad Serz	—"—	1599«

Im 17. Jahrhundert finden wir:

	ist Maister worden in dem		
»Martin Degen	—"—	1601	Jar
Thomas Dieppold	—"—	1607	—"—
Hans Bügler	—"—	1609	—"—
Mathias Michael Kirschner	—"—	1601	—"—«

Einige Eintragungen sind unleserlich sowie chronologisch nicht geordnet:

	ist Maister worden den		
»Eraßmus Weittmann		2. May 1669	Jar
Augustin Pruner	—"—	2. May 1667	—"—
Hanns Christoph Weittmann (Wittermann?)	ist Maister worden den		
	—"—	19. May 1645	Jar
Leopold Gittler	—"—	13. Sebdember 1644	—"—
Philib Wallner	—"—	29. Ocdober 1678	—"—

---

59 Stadtarchiv Feldsberg, Schneiderinnung, F 34.

Karl I.

	ist Maister worden den	
Mathias Heinrich		20. Juli 1682 Jar
Christoph Altmann	–"–	1619 –"–
Elias Heinberg	–"–	1616 –"–
... Banttner	–"–	1618 –"–
Philippus Stube	–"–	1622 –"–
Hanns Kinsberger	–"–	1626 –"–
Barthol. Laischner	–"–	1612 –"–
Lorentz Kellner	–"–	1624 –"–
Matthiß Grün (?)	–"–	9. July 1627 –"–
Stephan Böller	–"–	27. Nov. 1628 –"–
Markus Kholler	–"–	20. May 1636 –"–
Adam Wanck	–"–	26. July 1639 –"–
Lorentz Sitzenfrey	–"–	26. August 1642 –"–
Andreas Brauer	–"–	3. December 1645 –"–
Hanß Neudorfer	–"–	20. Nov. 1696 –"–«
etc.[60]		

Einige Beispiele aus der Nachbarschaft: In Garschönthal ist als erster Meister Pangraz Schneider im Jahre 1577 erwähnt, in Katzelsdorf Geörg Österreicher im Jahre 1592, in Schrattenberg Michel Dimser im Jahre 1586.

Von der Zunft der Schmiede sowie der Zunft der Tuchmacher haben wir im Stadtarchiv Feldsberg ebenfalls Urkunden und Unterlagen über ihre Tätigkeit in Feldsbergs Vergangenheit. Auch diese beiden Berufe können wir bis in die erste Hälfte des 17. Jahrhunderts zurückverfolgen.[61]

Über einen Feldsberger Glockengießer im 17. Jahrhundert erfahren wir aus dem Gedenkbuch der Pfarre Bernhardsthal: Im Jahre 1684 brannte dort die Kirche ab. Die Kirchenbänke fielen dem Feuer zum Opfer, die Glocken wurden schwerst beschädigt. Fürst Liechtenstein ließ die zwei zerstörten Glocken neu gießen. Eine davon wurde in Feldsberg von dem ansässigen Glockengießer Wenzel Klein noch im Jahre 1684 gegossen. Sie hängt noch heute im Turm der Kirche in Bernhards-

---
60 Stadtarchiv Feldsberg, Privilegien.
61 Stadtarchiv Feldsberg, ebendort.

thal. Es ist dies die sogenannte »Eilfer Glocke«. Klein hätte eigentlich ursprünglich den Auftrag für beide Glocken gehabt, aus unbekannter Ursache wurde die zweite jedoch 1692 von dem Glockengießer Johann Bapt. Mellak aus Brünn gegossen. Der Vertrag mit Wenzel Klein, den Guß der Glocke betreffend, liegt im Liechtensteinarchiv in Wien.

Die Glocke trägt die Beschriftung: »Per signum ab inimicis nostris libera nos Deus noster. In nomine Patris et Filii et Spiritus sancti, Amen«. 1684. – Ferner steht auf der Glocke: »Wenchel (Wenzel?) Kalin (Klein?) hat mich in Feldsperk gegossen.« Weiters sind an der Glocke eine Kreuzigungsgruppe und die heilige Maria dargestellt.

Die verbrannten Kirchenstühle wurden im Jahre 1702 von einem Tischler, auch aus Feldsberg, um einen Betrag von 140 Gulden 55 Kreuzer hergestellt. Leider ist im Gedenkbuch nicht der Name des Meisters angeführt. Dieses Kirchengestühl wurde 1949 ersetzt, hatte also 247 Jahre seinen Dienst versehen.[62]

An der Kirche in Bernhardsthal haben später noch wiederholt Handwerker aus Feldsberg gearbeitet, doch gehört dies zeitlich nicht mehr in diese Abhandlung.

Überraschend wenig erfahren wir – im Gegensatz zu den Handwerkern – vom Handel und von den Kaufleuten. Am ehesten finden wir noch Bäcker und Fleischhauer. Von diesen lesen wir in einem Schreiben der fürstlichen Wirtschaftsräte Khalser und Cappaun – wir werden beide später nochmals erwähnen –, daß der Stadt Feldsberg im Jahre 1666 neben dem Thoma Salomon noch ein weiterer Fleischhauer zugestanden, mehr noch, empfohlen wird. Dieses Schreiben im Wortlaut:

»Von deß Durchlauchtig Hochgebohrnen Fürsten undt Herrn, Herrn Caroli Euseby des Heyl. Röm. Reichs Fürsten undt Regierern des Hauses Liechtenstein, von Nicolspurg, Hertzog in Schleßien zue Troppau und

---

62 Gedenkbuch der Pfarre Bernhardsthal (Tom IV).

Jägerdorff Wegen, Wirrdt dero Stadt allhier verordneten Burgermaister und Rathmannen angefüeget: Es wäre eine gantz ungereimbte Sach, Bey einer Stadt, sonderlich wo ein großer Herr Residiert, nur einen Fleischhacker zue haben. Dahero Sie den Wisgaueren dahin vermögen, daß Er wie zuvor sich wiederumb des Fleischhacken gebrauche, undt die Stadt nebenst den Thoma Salomon mit guettem Fleisch versorgen solle. Dehme Sie also nachzukhomen.

Ihre Fürstl. Gnaden deß Regierenden Hertzogs zue Troppau undt Jägerndorff, Verordnete WirtschaftsRäthe
     Martin Khalser   Jacob Cappaun«

Wir erfahren dabei, daß der vorgesehene zweite Fleischermeister den Namen Wisgauer trug und vielleicht schon einmal in Feldsberg tätig war.

Dies ist ein wenig überraschend, wenn man bedenkt, daß im Liechtenstein-Urbar vom Jahre 1414 für die Stadt Feldsberg 9 Fleischbänke und 7 Fleischstöcke angegeben werden. Es dürfte sich dabei aber teilweise um Filialen der Fleischermeister Feldsbergs und auch der Umgebung gehandelt haben. Ähnliches sehen wir ja auch bei den Bäckern.

Am ergiebigsten sind in dieser Hinsicht neben dem Stadtarchiv die fürstlichen Aufzeichnungen, aus denen doch etliche Feldsberger Handwerker ersichtlich sind. Vom Jahre 1626 ist z. B. ein Auszug aus der Wirtschaftsrechnung von Feldsberg vorhanden, mit einer Zusammenstellung, in der alle Ausgaben für Maurer, Steinmetzen, Zimmerleute, Uhrrichter und Schlosser aufgeschlüsselt sind.[63] Diese Zusammenstellung ergibt, daß die ganze Produktion zweier Ziegeleien für den Schloßbau verwendet wurde. Es gab eine fürstliche Ziegelei in Feldsberg und eine in Reinthal, die in diesem Falle herangezogen wurden.

Aus all dem kann man vermuten, daß nicht nur Innenadaptierungen durchgeführt, sondern auch am Außenbau des Schlosses gearbeitet wurde. Da bei den Handwerkern auch ein Uhrrichter erwähnt wird, kann man schließen, daß es einen

---

63 Gustav Wilhelm, Baugeschichte des Schlosses Feldsberg, S. 12/13.

Uhrturm gegeben hat. Nicht nur das, sogar eine Glocke gab es in diesem Turm, wie uns aus dem Jahre 1618 berichtet wird. Die Aufschrift der Glocke lautet:

»ANNA DEI GRATIA DUCISSA OPPAVIAE PRINCIPESSA DE LIECHTENSTEIN IN NIKOLSPURG

CAROLUS DEI GRATIA DUX OPPAVIAE PRINCEPS ET GUBERNATOR DOMUS DE LIECHTENSTEIN ET NIKOLSPURG.

IN DER ERE GOTTES BIN ICH GEFLOSSEN
JERG WENING IN WIEN HAT MICH GEGOSSEN 1618.«

2.6. Interna der Gemeinde

Vom Jahre 1630 kennen wir das alte Instruktionsprotokoll, in dem die Formalitäten und Pflichten des gesamten neugewählten Gemeinderates festgehalten sind.[64] Es sind darin angeführt: Der Bürgermeister, der Stadtrichter, die Stadträte (»Raths Verwante«), der Stadtschreiber, »die Vierttel Leuthe in allen acht Vierteln, die Tätzer, die Weinherrn, der Weingarten Khnecht, der Saltzherr, die Nachweger, die Häring Beschauer, die Bruck Maister«.

Nehmen wir z. B. von diesen Funktionären nur den »Burgermaister«, so sehen wir, daß seine Verpflichtungen in 22 Punkten festgehalten sind:

»Instruction: Burgermaister sobald derselbe vohn Ihr Fürstl. Gn. erwehlt: und durch Herrn Haubtman bestelt worden, hat er sich nachfolgend gestalt zuuerhalten:

1. den andern Tag soll er, nach gethanem Jurament in Empfang Nemben den gemein: und Waisenwein, Gemein Traidt, sowohl nach Lauth deß Inuentary allerley Haußrath und würtschaffts Sachen, er soll auch eben alsobaldt Tätzer, Weinherrn, Salzherrn, Viertlleuth, Nachweger und Zimenter, Pruckhmaister, Häring Beschauer, Weingartskhnecht, sowohlen Vaßzieher und all zuer Gemein Nothwendige Officier und diener Bestellen.

---

64 Stadtarchiv Feldsberg, Altes Instruktionsprotokoll 1630, B 73.

Karl I.

2. Solle der Gemein Bey erster Zusammenkhunfft zutragen derren Weingärtten zu Rechter Zeith zubauen oder aber in widrigem fahl mit Bewilligung eines Erß: Raths guedt: und tauglichen Bauleuthen verlassen.
3. Solle er alzeith Bey Antrettung deß Dienstes vohn entlassenem Burgermaister berichtet werden, waß vor gemein weingärtten: und Äckher getungt werden, sowohl wo dieselben liegen: andeidt: und weissung empfangen.
4. Soll er alle mahl zue jeder weingarts Arbeith nebenst den Berg: und Vierttelleuthen auß dem Rath zwo: od mehr Persohnen stellen die achtung geben, daß dieselbe Arbeith trew und fleissig verrichtet werde.
5. Soll er nit allein daß Gemein einkhomben alß Täz, Wein: und Salzgewinn, Laden Zünß und andere Dienst fleißig einbringen, sich auch im Außgeben Sparsamb u. khlug halden und ohne einwilligung eines Erß: Raths unkosten anzuwenden sich nit underfangen, sonsten es ihme nicht paßiret werden soll.
6. Soll er auch die Gemein Fexungen, alß Wein u. Traidt an gehörigen Ort einbringen, und solches treüllich verraitten, auch sparsamb mit demselben umbgehen.
7. Wan er mit der Gemein Kosten Bey der Gemein khein Arbeith zuuerrichten hat, solle Er der Burgerschaft umb den gewöhnlichen Lohn fahren lassen, und solches in der Raittung ordentlich einbringen, sich auch ganz nicht understehen die gemein Roß vohr sein aigen Sachen: od zum Spaziren Fahren zubrauchen.
8. Solle er Burgermaister Ihme fleissig angelegen sein lassen, auf daß Röhr: und Brunnwerch, auch Stadtthor und Wehr Feyerhackhen, Steiglaissen, daß solches alles ordentlich besteldt: und verhanden seye acht zuhaben Und was Ihme dießes Nachsehen auff ein: und daß ander zuuiel wurde, soll Er auß dem Rathsmüttel, die es an seiner Statt, zubefohlner massen embsig und wohl verrichten, Bestellen und ordnen.
9. Soll er jährlich zuer Gemein auft Rechte Zeith Holz Khauffen, Beim Herrn Haubtman auch umb Pruckholz anhalden und dasselbe, waß Ihme über entrichtung des Officier- und Diener Deputat, auch Außbesserung der Bruckhen verbleibet, zur ander der Gemein Notturfften treullich zuwenden.
10. Soll der Burgermaister khein waysengeldt in seinem Hauß empfangen, noch außgeben, sondern die Partheyen vohr ein ganzen Erß: Rath Bescheyden, auch alsobaldt nach dem Lössen außzeichnen

laßen, waß vohr waysenschulden Vorhanden und welche gewiß: oder Ungewiß, auch ob dieselben alle verbürgt sein oder nit, achtgeben, wan sichs Befunde, daß einer nit mit annemblichen Bürgen versehen wehre, solle er dieselben zuuerbürgen alles ernsts anhalden auch umb solche Schulden, Wein: oder geldt, mit waß ein jeder zahlen khan, Einmahnen: und nit verwartten Biß sich ein jeder (welches selden geschicht) selbst mahne.

11. Soll er Fleißig Ihme angelegen sein lassen, die Statt Gassen, Pläz, Weg und Strassen Sauber halten zulassen darzu er auch nebenst den 8 Viertlleuthen wenigists ein auß dem Rathsmüttel obacht zu haben Bestellen soll.

12. Soll der Burgermaister auch obacht haben, daß zuwieder Unser der Statt gerechtigkeit nach Martiny khein Wein eingeschleipft werden und ganz Niemandten solches Zuthun erlauben, es beschehe dann mit guedthaysen eines Erß: Raths und solcher müttel, als waß es einen durch gewisse Erbschafft außwendig od durch Heurat u. dergleichen Zustünde, auch wan sich einer von frembden orte anhero züge, sonsten es kheines weges gestadt werden khan.

13. Soll der Burgermaister durchs ganze Jahr wochentlich den ordentlichen Rathstag alß am Freitag wüntters Zeith umb 8. Sommers Zeith umb 7. Uhr anstellen wohrbey Er auff gemelte Stundt selbst erscheinnen soll und wan Er, wegen Nothwendigen Verrichtung seines Ampts nit khomben khunde, soll er die Schließel zum Rathaus Schickhen, damit ein Erß: Rath daweill ins Rathauß oder Rathstuben gehen khunne, Wann er aber Muthwilliger weiß die Stundt übertretten wurde, soll er einem Erß: Rath ein Dukaten zur Straff verfallen sein.

14. Sobaldt er nun selbst: und ein Erß: Rath aufs Rathauß getretten sein, soll Burgermaister die Session, ohne langes verschieben zuthun Befehlen, auch einem oder mehren deß Raths, andere Reden so zuuerrichtung deß Rathstag nit gehören, wenigistens nit gestatten, es soll auch kheiner des Raths, weder dem Burgermaister: noch einer dem andern einreden, sondern erwartten biß das Votum vohn ihm erfordert wirt, wan sich einer hierwied vergreifft, soll Er einem Erß: Rath jedes mahl zustraffen verfallen sein.

15. Soll Burgermaister am Pfingsttag zuuohr dem Rathstag die partheyen so aufs Rathauß zukhomben sich anmelden, ordentlich verzaichnen, auch waß Ihr Begehren sein wirt erforschen. Alßdan lauth solchen Verzaichnuß baldt nach dem das niedsüzen beschehen, dennen Verordneten Buechhaltern, waß sy zur Abfertigung d. Partheyen aufsuchen sollen, Befehlen und was sich einer, wie gesaget am Pfingsttag

nit angemelt hette, solle Er nit gehört werden, es wehre dan ein Frembt: od Außwendiger.
16. Soll auch ein Burgermaister, sobaldt die Neue Raths Bestellung geschehen, einem Erß: Rath, daß ein jeder, sei viell od wenig, ja nit ein Worth auß dem Rath auswerz sage, Bei dem Jurament so ein Jed geleistet und gewiß darauff folgender Straff.
17. Wann wegen Strittigkheitten in der gemein, ein Beschau vom Burgermaister erfordert wirt, solle Er es zwahr auff Begehren anstellen, aber ehender nit, biß die Persohn, so es begehret, die gebier, alß auf jeden Rathsherrn 12 Kr und vohr Burgermaister u. Richter nochsouiel erlege.
18. Solle Burgermaister 4 die Eldisten Herrn verordnen, wan Unpartheysche gedings Recht zubesezen vohn hier erfordert werden, daß alzeith einer umb den andern und mit Ihm ein junger Burger geschickht werde.
19. Solle Burgermaister zum Mitfasten die Fleischhackher alle Jahr Erfordern: und Befragen, ob sie gemeiner Stadt das künfftige Jahr über mit tauglichem Fleisch versehen wollen, Ihnnen auch zwey Nachschawer alß einen auß dem Rathsmüttel den andern auß der gemein Vohrstellen und andeutten, daß sie daß ganze Jahr über Ihnnen, ob sie taugliches: und gesundes Viech schlachten wollen, Ehe sie es schlachten, besüchten, wurden sie Fleischhackher ergriffen das sie wennig oder viell hinwider tötten, sollen sie in eines Erß: Raths Straff gefallen sein, auch die Nachschawer nit weniger, da sie hirin unfleißig befunden wurden, sollen in gleiche Straff eines Erß: Raths sie gefallen sein.
20. Solle Burgermaister beflissen sein, allzeith vohr dem Weinlössen eine gewisse Ordnung zumachen, waß man denen Bündern, Lössern, Pressern, auch mäsch Fuhren sowohl waß in Ärndts Zeith vohn der gewantten zuschneiden und vom Heuffel einzuführen geben: Ittem wie durchs ganze Jahr die Tagwercher,so nach dem Tagwerch arbeitten bezahlt werden sollen, bey Aufsezung einer gewissen Straff.
21. Soll Burgermaister beflissen sein, sobaldt einer stürbt inventiren zulaßen, wan aber Verstorbener bey Leben ein Testament gemacht, soll ers Burgermaister, lengest in 4. Wochen nach deß abgeleibten Todt durch die Freindt: und Testamentarien öffnen laßen, da sichs dan betrifft, daß ein Weib ohne Testament abgienge und Khind verließe, soll der Vetter baldt dahin gehalden werden, mit den Khindern mütterliches Erbfahls halber abzubrechen, und nit zuuohr das mehrest durchbringen, wie offt beschehen.
22. Soll Burgermaister alle mahl vohr den H: Zeithen u. Jahrmärckhten

die Feuer Städt, durch die Virtlleuth fleißig besüchten lassen, da hirin ein mangel Befund, soll er sich vermög der Pollicey verhalten, auch wan große Sturmwindt sich erregen, soll er in allen 8 Viertteln einsagen lassen, das man Acht aufs Feuer gebe, und jedesmahl zu benenten Zeithen, wasser im Vorrath habe: u.gerechne.«

Auch für die anderen Funktionäre gab es Vorschriften und Instruktionen, die ebenfalls in der genannten Quelle, jeweils in einer bestimmten Anzahl von Punkten zusammengefaßt, angeführt sind. Für den Stadtrichter in 19 Punkten, für den Stadtschreiber in 10 Punkten. Dies wären nur die wichtigsten Personen, jedoch auch für alle anderen Funktionen gab es bestimmte Instruktionen.

Im gleichen »Instruktionsprotocol« finden wir Eintragungen über Gemeindewahlen der Jahre 1655, 1656, 1657 und 1658. Als Beispiel das Jahr 1655:

»28. January.
Burgermaister Martin Wiegbauer
Stattrichter Lorenz Rehl
Rathsverwante: Geörg Pitsch, Thoma Strobel, Mathias Pöckh, Samuel Martin, Paul Schicketanz, Geörg Schuster, Carl Pinofzky, Geörg Puechler, Wolff Wahlner, Mathias Payr, Gotthardt Gueth, Johann Fischer.
Vierdelleuth: Sebastian Maulkorb, Hannß Baadt, Christian Paßler, Thoma Friedrich, Geörg Polz, Jakob Lekhell, Peter Gottfridt, Hanns Stainvockh.
Weinherrn: Karl Pinofzky, Niclas Watischmühlner.
Täzherrn: Geörg Gotthardt Gueth, Paull Kipp.
Salzherr: Samuell Martin (undt Uhrrichter)
Mautherren: Paul Kipp, Carl Pinofzky.
Häringbeschauer: Paull Schicketanz, Andre Stumpf.
Nachweger: Michell Kalser, Hannß Mühlner.
Pruckmeister: Mathias Payr, Merth Timler.
Weingartknecht: Michell Schönhudl.
Stattwachter: Bärdl Waillmayr.
Faßzieher: Hannß Hoffer, Adam Oth, Hannß Tempel, Paul Preikhel, Melchior Paumgartner, Thoma Peter, Georg Roßenkranz, Georg Schober.«

Es ist nicht uninteressant, die Namen der damaligen Einwohner und Bürger Feldsbergs zu kennen. Den im Jahre 1655 gewählten Bürgermeister Martin Wiegbauer finden wir übrigens in den Jahren 1657 und 1658 wiederum in der gleichen Funktion.

2.7. Die Pfarre von Feldsberg nach der Rekatholisierung

In allen Abhandlungen über Feldsberg, die uns bekannt sind, wird als erster katholischer Pfarrer nach der Rekatholisierung durch Fürst Karl I. von Liechtenstein ein Dr. Christoph Andreas Fischer genannt. Er wurde am 26. September 1601 investiert und war streng protestantenfeindlich und ebenso auch täuferfeindlich. Im Jahre 1603 verfaßte er die Schrift »Von der Widertäuffer Ursprung«, dann »Von der Widertäuffer verfluchten Ursprung, gottlosen Lehre und derselben gründliche Widerlegung«, die er Fürst Karl widmete, und schließlich noch eine »Historia ecclesiae Cellensis« (Mariazell) 1604.[65]

C. A. Fischer war auch von 1602 an Beneficiat in Mistelbach.[66] Nun hat sich bei den Nachforschungen im Diözesanarchiv in Wien eine Überraschung ergeben: Im Pfarrarchiv von Alt-Lichtenwarth findet sich ein Dokument »Inventarium der Pfarre Altlichtenwardt, wie es H. Joanni Poppio zu Antritt übergeben worden ist den 6. Marty 1601«. Dieses Dokument wurde am 9. April 1601 geschrieben. Unterfertigt sind neben dem Pfarrer Joannes Poppius noch Wolfgangus Weysbrodt, Parochus Veldsbergensis und Petrus Trapelius, Parochus in bohemica Grud.

Es muß also vor C. A. Fischer noch einen Pfarrer, den eben genannten Wolfgangus Weysbrodt, kurzfristig gegeben haben. Nähere Angaben über ihn sind derzeit noch nicht gefunden

---

65 Herbert Haupt, Fürst Karl I. von Liechtenstein, Anmerkungen, S. 90.
66 Diözesan Archiv Wien, Topographie von Niederösterreich, III/46.

worden. Der Hinweis auf ihn ergab sich aus einem kleinen Vermerk im Karton Feldsberg im Diözesanarchiv Wien.[67] Nachfolger C. A. Fischers in Feldsberg wurde Nicolaus Hartmann. Auch bei ihm herrscht Unklarheit, wann er hier investiert wurde. Im eben erwähnten Archiv wird von ca. 1625, 1630 geschrieben, in der Pfarrchronik von Feldsberg jedoch finden wir eine Eintragung, die eine andere Version bietet. Es steht dort: »Das älteste Protokoll ist von Jahr 1615. Parochus war H. Reverendus, nobilis et excellens Dominus Nicolaus Hartmann, er war zugleich Dechant. Diese Titulaturen sind in den Protokolln vorfindig«, und weiter: »Es war dieser Hw. Pfarrer Hartmann in allen 17 Jahre allhier« (Eintragung für 1632). Bei 1633 finden wir dann schon »Parochus Reverendus Dominus Götz et ejus Capellanus Sebastian Steger«.[68] Doch noch zurück zu Pfarrer Nicolaus Hartmann.

Mit ihm waren die Bürger sehr unzufrieden. Am 23. Juni 1630 klagte die Gemeinde beim Konsistorium,

»dass Pfarrer Niclas Hartmann sein priesterliches Amt und Gottesdienst unfleissig verrichtet und in unterschiedlichen Sonn- und Feiertagen, in welchen er keinen Kaplan gehalten, doch die Kaplansbesoldung eingenommen, keine Predigt gethan, den Gottesdienst schlechtlich abgewartet und sich der weltlichen Kaufmannschaft gepflegt und mit Wein, Reifen und Fass gehandelt, inmassen er dann vor zwei Jahren von den Prager'schen Kaufleuten um einen eingekauften und wider verhandelten Wein in die 1000 fl eingenommen habe. Hat Pfarrherr, wie es bei allen Katholiken gebräuchig, niemalen Kinderlehr gehalten, noch solche zu halten sich schuldig erkennet, da doch in der Stadt Policei ausführlich begriffen, dass dem Pfarrherrn von seiner geistlichen Obrigkeit anbefohlen worden, alle Sonntag nach verrichter Vesper doch nach Gelegenheit der Zeit Kinderlehren zu halten, welches aber von dem Pfarrherrn nie beschehen. Anbelangt die Salve, Vesper und Rorate, die man in den katholischen Orten zu halten pflegt, hat er derselben gar wenig

---

67 Ebendort, Archiv Pfarre Feldsberg, Kasten I.
68 Pfarrchronik Feldsberg, S. 96.

gehalten, daher solcher Gottesdienst durch seinen Unfleiss in Abwesen und in Vergessenheit kommen. Vor drei Jahren hat er die Personen, welche sich in der Fasten zur Beicht und Communion haben wollen einstellen, dieselben auf die oesterlichen Feiertage beschieden. Als nun dieselben nach verrichter Vesper bei Herrn Pfarrer zu beichten sich angemeldet, hat er dieselben mit ungebührlichen Worten angefahren: Führet Euch denn der Teufel alle auf einmal her. Ueber welche Worte die guten Leute erschrocken und betrübtermassen sich stracks nach Nikolsburg verfüget, dem Herrn Probsten allda gebeichtet, der sie befragt, warum sie nicht bei ihrem Pfarrherrn zu Feldsberg beichten. Als sie aber den Verlauf und Beschaffenheit der ungebührlichen Abweisung erzählten, hat er diese mit Seufzen und Erbarmung Beicht gehöret und communiciert, nachmalen mit leiblicher Speise und Trank versehen und halber nach Hauseführen lassen. Er ärgert die neuen noch schwach katholischen Christen mit Steigerung der Stola, die sich darwieder hoch beklagen, dass ihnen im Lutherthume die Sakramente nach Christi Befehl fast umsonst ertheilet worden, welche sie bei den Katholischen nicht theuer genug bezahlen können«.[69]

Die Feldsberger waren in der Mehrzahl noch lutherisch gesinnt. Der glaubenseifrige Karl von Liechtenstein bemühte sich aufrichtig seine Untertanen wieder dem katholischen Glauben zuzuführen. Es wird berichtet, er hätte das im Auftrag des Kardinals Dietrichstein verfaßte Buch »Kurzer Bericht Auff etliche Articel dess Catholischen Glaubens, auss underschidlichen Authoribus zusamb gezogen« gekauft, verteilen und auch von der Kanzel verlesen lassen. Dann hätte er die Leute in eigener Person examiniert. Wer sich in dem Buche unbewandert zeigte, wäre in den Kotter gesperrt worden.[70] Nun scheint das genannte Buch erst 1628 bei »Michael Rickhes zu Wienn« gedruckt worden zu sein, so daß in diesem Zusammenhang eher Karl Eusebius gemeint sein dürfte.

---

69 Theodor Wiedemann, Geschichte der Reformation und Gegenreformation im Lande unter der Enns III, S. 268 ff.
70 Derselbe, ebendort, S. 269.

Dennoch war Karls Eifer in der Rekatholisierung verständlich, denn auf der benachbarten Herrschaft Dietrichstein in Nikolsburg hatte schon zu Beginn der 80er Jahre des 16. Jahrhunderts der Katholizismus wieder Einzug gehalten, wie wir aus einer Quelle erfahren, die in Ingolstadt gedruckt wurde:

> »Catholische Brief- und Sendschreiben«, welche von »den bekerten Catholischen Burgerskindern daselbsten zu Nicolspurg in Ankunfft deß Wohlgebornen Herrn/Herrn Adam von Dietrichstein ... gehalten worden.
>
> Unterzeichnet: M. Christoph Erhard
>   d. H. Schrift Licentiar
>   Dechant und Pfarrherr zu
>   Nicolspurg.
>   Nicolspurg 18. August Anno 1583«

Und weiters ebenfalls von Christoph Erhard »Der Lutheraner Zweyffelsknopf«:

> »Die angehängter Erweisung / daß Luther und sein Anhang / unseren Herren Jesu Christo und den lieben Aposteln / augenscheinlich zuwider lehren / schreiben und predigen.«

Am Schluß lesen wir noch die Mahnung:

> »An den Leser.
> Liß mich gar auß / verwirf mich nicht /
> Wann Du mich gelesen / darnach richt /
> Dann wirstu den Knopf recht auflösen /
> So wirstu frey vons Luthers Wesen.[71]
> Ingolstadt 1586«

Wir sehen also, daß Karl von Liechtenstein in der religiösen Entwicklung im Bereiche seiner Herrschaft ein wenig verspätet war, was sein ambitioniertes und strenges Vorgehen verständlich macht.

---

71 Christoph Erhard, Der Lutheraner Zweiffelsknopf, Adl. 3/Adl. 4.

Karl I.

Zurück zu Nicolaus Hartmann. Er hatte sich schon im Jahre 1602, als die Pfarre Mistelbach vakant war, um diese beworben und im März 1602 erhalten. Allerdings mußte er bereits hier wegen schlechter Verrichtung seiner Pflichten im Jahre 1607 des Amtes enthoben werden.[72]
Er kam dann, wie erwähnt, nach Feldsberg. Es wird nun verständlich, daß der Feldsberger Pfarrer C. A. Fischer bis 1610 Beneficiat in Mistelbach war. Weniger verständlich ist, daß Nicolaus Hartmann trotz allem Pfarrer in Feldsberg wurde. In dieser Zeit sind im Feldsberger Taufprotokoll relativ viele Täuflinge aus der Umgebung angeführt. Dies wird damit erklärt, daß es noch »wenige Pfarreyen und Caplaneyen müsse gegeben haben«.[73]
Es wurde schon erwähnt, daß nach den Eintragungen in der Pfarrchronik über die Zeit des Pfarrers Nicolaus Hartmann, die übrigens nirgendwo etwas Negatives über ihn bringen – allerdings, wie wir wissen, retrospektiv angelegt worden waren –, im Jahre 1633 der neue Pfarrer Caspar Götz die Nachfolge antrat, gemeinsam mit dem Kaplan Sebastian Steger.

Weitere Eintragungen, auszugsweise:

639 ist die Kirche zu Schrattenberg erbauet worden, dazu der Fürst die Materialien gegeben.
641 ist die Themenauer Kirchen gebauet worden.
649 ist den Unterthemenauern eine Glocke aus dem hiesigen Burggrafenamt erfolgt worden.
648 ist den Unterthanen von Metzen 1/4 Aufgab statuiert worden.
647/48 et 49 ist der Heymat Teiche für einen See genutzt worden (Heumahd!).
645 ist die Katzelsdorfer Kirche erbauet worden.

---

72 Joseph Maurer, Geschichte des Marktes Asparn a. d. Zaya, S. 90/91.
73 Pfarrchronik Feldsberg, S. 96.

650 ist der Neuhof abgebrannt.
651 ist die Katzelsdorfer Kirche auf fürstliche Spesen gewölbt und mit Ziegeln gedeckt worden.
643 bis 44 ist eine greuliche Pest auf der ganzen Herrschaft gewesen.
650 ist der Gemeinde Reinthal eine Glocke per 60 fl geschaft worden.
651 sind alle hier wohnenden Juden abgeschaft worden.
654 ist die Jesu, Maria und Josef Kapelle auf dem Eisgruber Wege just in der Mitte errichtet worden.
654 ist die Sakristey bei hiesiger Kirche erbauet worden. Etwas später ist solche von Einer Fürstin verlängert und die Oratorien darauf gesetzet worden, die alte Sakristey war beynahe um ein Klafter länger als das neue Stück, so hernach dazugebaut worden, samt dem Gange und der kleineren Sakristey, wo vorhin das heilige Grab gestanden.
641 zu Michaeli, hat ein neuer Schulmeister seinen Dienst angetreten, dieser soll das Protokoll »nach Möglichkeit in die Ordnung setzen«, denn von 1635 bis 1641 ist das Taufprotokoll abgängig und mangelhaft.
655 sind zwey Widertäufer von Schützen allhier in der Schloßkapellen von dem Pater Dominicus, Doctor Theol. u. Hofprediger, getauft.
655 hat die Pfarrkirche sollen ausgemahlen werden, Eodem sind alle Jäger zur Abtreibung der Wildschützen nach Lundenburg abgeschickt worden.
657 ist Bischofwart abgebrannt.
658 ist den Barmherzigen das Deputat enthalten worden, weil sie keine Kranke gehalten.
660 haben die Barmherzigen ihren Gehalt vom Fürst Karl Eusebius erhalten.

Bei den eben erwähnten Ereignissen handelt es sich natürlich vorwiegend um solche, die einen gewissen Zusammenhang

Karl I.

mit der Pfarre haben. Andere Begebenheiten wurden hier nicht angeführt.[74] Es fällt auf, daß in den 40er Jahren in der Pfarrchronik nicht nur Feldsberger Pfarrer, sondern auch zahlreiche andere Geistliche namentlich aufscheinen. Der Chronist vermerkt:

»Laut Protokoll zeigt es sich, daß an der Christlichkeit ein großer Mangel war und daß auch hier nicht allzeit ein Hw.Caplan war.«

Er zählt nun eine ganze Anzahl von Geistlichen auf, die die Taufe vollziehen und grübelt:

»Nun verstehe ich nicht, wie im Jahre 655, unterm 29. März ein gewisser Jakob Andtholzer und Caspar Götz zu gleicher Zeit haben Pfarrer sein können; aber eben, da ich dies schreibe, fand ich, daß eine Unrichtigkeit des Protokolls in Zusammensetzung der Bögen vorgegangen seye, denn nach dem Jahr 655 fängt wiederum der Jahrgang 649 an, eine wahre Confusion.«

In den Sterbematrikeln von Feldsberg finden wir über den Tod des Pfarrers Götz folgende Eintragung:

»1653 (sicc), Den 13. Oktober ist der Wohlehrwürdige in Gott Geistliche Edle und hochgelehrte Herr Magister Casparus Gezz, seeliger Gedächtnus, der Fürstl. Liechtenst. Residenz Statt Feldsperg gewester wohlwürdiger Stattpfarrer conduciert worden.«

Abweichend davon nun die Pfarrchronik von Feldsberg:

»Pfarrer Götz stirbt 1655, unter ihm finden wir ab 18. 12. 1654 den Kaplan Martin Rittersamb[75] und sein Nachfolger wird noch im gleichen Jahr Johannes Jakob Endtholzer.«

Dieser wird in der Passauer Consistorial-Rapulatur 1655 in der ersten Jahreshälfte noch als »Provisorius« geführt. Unter ihm finden wir den Kaplan Magister Aunerus, 1658 den Kaplan Mag. Elias Schwetzengast, 1660 Magister Johann Gängler und

---

74 Pfarrchronik Feldsberg, S. 82.
75 Diözesanarchiv Wien, Consistorialprotokoll 1654/56.

Magister Schmelzer sowie am 8. Dezember Magister Balthasar Ökhardt.[76]

In der Zeit von 1653–1656 wird Lundenburg von Feldsberg aus kirchlich betreut, allerdings ist aus dem Rapulaturbuch der Diözese Wien vom Jahre 1655 ersichtlich, daß auf Wunsch des Fürsten Karl Eusebius auch die Pfarre UnderDemenau (Unter-Themenau, Postorna) in diese seelsorgliche Betreuung mit eingebunden wurde.

Eine kleine Kuriosität am Rande, aus den Sterbematrikeln Feldsbergs:

> »1654, Den 11. July ist Gertrudis N: ein sehr altes und arm weib ihres Alters bey 103 Jahren alhier conduc. worden.«

Am 10. November 1662 tritt Doctor Theol. Joann Aloysius Otho seinen Dienst als Pfarrer an. Er wirkte nur kurze Zeit in diesem Amt, denn bereits »mit Juni 1663 kömt vor Dominus Georgius Holzmann, Parochus huius loci«. Über ihn wird in der Pfarrchronik nichts »Merckwürdiges« berichtet, außer, daß der Herr Pfarrer Holzmann viermal zu »Gevattern gestanden«.

Im Jahre 1684, am 17. Dezember, folgt ihm der Hw. Reichsgraf Herr Maximilian von Althan. In der Pfarrchronik werden während seiner Amtszeit keine besonderen Ereignisse erwähnt.[77] Dafür bringt Wiedemann den Bericht einer Visitation, die vom Pfarrer von Falkenstein, Anton Balli, Dechant des Dekanats an der Hohenleuten, am 12. Februar 1686 ausgeführt wurde. Dieser berichtet, daß fast überall in den Pfarren Nachlässigkeit und Schlamperei herrsche. Über Feldsberg speziell sagt der Bericht wörtlich:

> »Eine herrliche, schöne Kirche mit nicht minder schönem Kirchen-Vorrath, der doch in besserer Verwahrung könnte geordnet werden. Weil dieser Pfarrer bisweilen Christenlehre auf der Kanzel vorbringet, die Jugend aber nicht examinirt ob sie der Lehre auch capax worden, kann es

---

76 Ebendort.
77 Pfarrchronik Feldsberg, S. 98.

Karl I.

nicht sein, dass selbige daraus eine Frucht geschöpft habe. Der Pfarrer hat keinen Kaplan, nimmt daher oftmals jeden vagirenden Priester ohne Anforderung oder Durchsehung der Licenz oder Dimissorien auf, wie erst me praesente et visitante ein Priester Ord. Praemonstrat. allda gewesen, welchen er von dergleichen testimonialibus nicht befragt, sondern seinen Worten geglaubt, dem ich aber die sacramenta zu administriren mit Ernst verboten habe. Die Filialisten in Katzelsdorf beschweren sich, dass der dritte Gottesdienst, Predigt und Kinderlehre oft ausbleiben.«

Besonders erbittert war der Dechant über den Schloßkaplan von Feldsberg.

»Zum Zeichen vollständiger Faulheit überschickte er dem Consistorium ein Purificatorium und fragte an, ob man wohl solche schmierige Fetzen in den Gassen von Wien finde.«[78]

Pfarrer Maximilian von Althan starb am 12. September 1705 und ihm folgte im gleichen Jahr Jakob Schiemer als Stadtpfarrer.[79] Im Pfarrarchiv von Feldsberg im Diözesanarchiv Wien finden wir über ihn »Geboren in Salzburg, 56 Jahre, Licentiatus juris utriusque, Ordiniert zu Passau 1680, kam von Katzelsdorf (1693–1705)«.

2.8. Die Barmherzigen Brüder

Die Ansiedlung der »Barmherzigen Brüder« in Feldsberg wurde bereits kurz erwähnt. Ihnen war die Ordensregel des hl. Augustinus gegeben worden, ihre Kleidung ist ein schwarzes Habit mit Scapulier und Kapuze, um den Leib ein lederner Riemen. Das Wappen ist ein Granatapfel mit Kreuz und Dornenkrone, darüber ein Stern im blauen Feld.

In den ersten 50 Jahren war die Ansiedlung in Feldsberg äußerst bescheiden, es konnten hier nur einige wenige Brüder wohnen, und die zum Teil nur auf verschiedene Häuser aufge-

---

78 Theoder Wiedemann, Geschichte der Reformation und Gegenreformation im Lande unter der Enns, S. V/196/197.
79 Pfarrchronik Feldsberg, S. 98.

teilt. Ein Beweis für die geringe Anzahl von Ordensleuten ist die Tatsache, daß in dem Zeitraum dieser ersten 50 Jahre nur ein Mitbruder, ein Florentiner namens Fr. Leopoldus Bertholdi, starb und während der ganzen Zeit hier keiner seine Profeß ablegte.

Johannes de Deo SOBEL, selbst ein Angehöriger des Ordens, schreibt in seiner »Geschichte und Festschrift der österr.- böhm. Ordens-Provinz der Barmherzigen Brüder« im Jahre 1892 ungefähr: Wir haben über die erste Entwicklung des Conventes Feldsberg relativ wenig Überlieferungen, vielleicht dadurch bedingt, daß in den folgenden 50 Jahren nach der Niederlassung in Feldsberg sowohl in Wien, als auch in Graz, Prag, Neuburg a. d. Donau und Triest weitere Convente des Ordens gegründet wurden.

Am 19. August 1659 kamen vier Fratres, an der Spitze der später oft genannte Prior P. Constantinus Scholz, der eigentlich ein Arzt war, zur Verstärkung nach Feldsberg. Sie fanden auch nicht genügend Raum um die Krankenpflege korrekt durchzuführen und mußten selbst immer noch teilweise in Privathäusern wohnen.

Der Grundstein zum Bau eines eigenen Convents und Krankenhauses wurde erst am 17. Juli 1662, von der Fürstin Johanna Beatrix, der Gemahlin des Fürsten Karl Eusebius, gelegt. Es wurde ein ebenerdiger Trakt an der Eisgruber Straße errichtet. Auch an der Lundenburger Straße wurde ein Spitalszubau, anschließend an die Barbara-Kapelle, gleichzeitig angefügt.

Die Fürstin legte, den Berichten nach, ein silbernes Metallblatt mit der Jahreszahl sowie Namen und Wappen des Fürsten in den Grundstein.

Im Jahre 1668 wurde der geschilderte Bau um ein Stockwerk erhöht.

Im Jahre 1662 hatte der Prior Constantinus Scholz ein an den Bau anstoßendes Häuschen samt Garten von Georg Zimmermann um 100 Gulden gekauft, abgetragen und zur Erweiterung des Gartens verwendet.

Karl I.

Am 27. August 1668 wurden die Kranken in das mit zwölf Betten ausgestattete neue Krankenhaus übertragen, womit also ein geregelter Betrieb möglich geworden war.
Fürst Karl Eusebius sicherte am 22. September 1666 die Arbeit und das Wirken der Barmherzigen Brüder durch Zuerkennung von Geld- und Naturalbezügen. Der Wortlaut dieses Stiftungsbriefes:

»Von des Durchleuchtigen Hochgebohrnen Fürsten undt Herrn, Herrn Caroli Euseby des Heyl. Röm. Raichs Fürsten undt Regierern des Hauses Liechtenstain von Nicolspurg, in Schlesien Hertzogen zu Troppau undt Jägerndorff etc. Wegen, Wirt dem Fr. Priori alhier zu Feltsperg Fr. Constantino Scholz auf sein unterschiedliches demmüttiges bietten, damit ihme zu seiner vnterhabenden Closter undt Abwarttung dehnen armen Krankhen von Ihro fürstl. Gnd. auß puhr lauttern gnaden ainige Fundation gemacht werden möchte, dißes zum Bescheid gegeben, Das Ihr fürstl. Gnd. zur Zeith noch ein undt andere Bedenkhen haben, die gebettene Fundation aufzurichten. damit aber gleichwohl Interim die arme Krankhe so wohl mit dem Unterhalt alß auch mit der nothwendigen Medicin auß Ihrer Appothekhen Ihrer Schuldigkeit nach desto besser versorget werden möchten. Alß haben Ihr fürstl. Gn. obbesagtem Fr. Priori undt Convent hierzue vor ietzt undt ins Künftig biß dieselbe oder deren fürstl. Nachkommen sich wegen einer ordentlichen Fundation ferners resolviren werden, wie hernach folget gndgst. bewilliget undt das es allezeith unfehlbar gereicht werde, dero Würtschafts Räthen Ihnen nachfolgender gestalt alles zu reichen gdst. anbefohlen.
Alß nemblichen –

An bahren Geldt auß unseren Hoffzahlambt oder dessen sammentlich gefällen, wochentlich	sieben fl reinisch
Bier wochentl	vier Emmer
Halb Traydt wochentl	drei Metzen
Wein jährlichen	dreyssig Emmer
Kuchelrinder jährlich	zway stükh
Gemäste Schwain jährl	zway stükh
Schöpsen jährlichen	zwölff stükh
Khälber jährl	vier stükh
Schmaltz jährl	hundert maß
Schaff Khaeß jährl	Ein Centhner
Weitzenmehl jährl	Sechs metzen

Griß jährlichen	Vier metzen
Arbeß jährlichen	Vier metzen
Hirschbrayn jährl	vier metzen
Heydenbrain jährl	vier metzen
Dürres Obst jährl	vier metzen
Gemachte Gersten jährl	sechs metzen
Karpfen jährl.des mittern schuß	zwey
Höchten jährl.des mittern schuß	zwey
Alte Hiener vor die Kranken wochentl.	vier Stukh
Holtz die notturfft wie vor disem	

Uhrkundt Hochgedacht Ihro Fürstl. Gnd. Hant Vntterschrifft vndt gewöhnliche Cantzley Fertigung. Datum Feltsperg den zway vndt zwantzigsten des Monatstag Septemb. des sechzehenhundert sechs vndt sechczigisten Jahres.

Carl Eusebius Fürst von Lichtenstain   L. S.«[80]

Die Fürstin Johanna Beatrix widmete am 1. Juli 1675 einen Stiftbrief für zwölf Krankenbetten und ebenso viele Fratres. Diese Stiftungen wurden zwar später von verschiedenen Erben des Hauses Liechtenstein angefochten, doch etwa hundert Jahre später, (am 22. April 1789) ließ Fürst Alois dieses Fundationsinstrument als auf die Allodial-Herrschaften gehörig, intabulieren.[81]

Karl Eusebius ordnete an, den Zehent der überaus großen Wildmenge dem Krankenhaus abzuliefern.

Im Jahre 1668 wurde der Rest der baufälligen Barbarakapelle abgerissen und der Grundstein für die jetzige Klosterkirche gelegt. Der Bau dauerte drei Jahre, am 28. Juni 1671 wurde die Kirche eingeweiht, die Türme wurden erst 1673 aufgeführt, im Jahre 1693 der Dachstuhl erneuert und mit Ziegeln eingedeckt, da er bis dahin nur mit Schindeln versehen war. Die Bauten gingen langsam vor sich, da die Mitbrüder durch die Pflege der Opfer der häufig auftretenden Epidemien, z. B.

---

80 Fürstl. Liechtenstein'sches Hausarchiv Wien HALW, Karton 217.
81 Joannes de Deo Sobel, a. a. O., S. 11 ff.

1643/44 die Pest, 1679 neuerlich die Pest, stark in Anspruch genommen waren. Zur Erinnerung an die Seuche des genannten Jahres wurde ja die Pestsäule am Stadtplatz errichtet. Soweit zumindest Johannes DE DEO SOBEL und die Pfarrchronik der Pfarre Feldsberg. Darauf kommen wir allerdings noch zu sprechen.

2.9. Friedhöfe

In unmittelbarer Nachbarschaft des Klosters befand sich ein Friedhof, denn wir wissen aus dem Stadtarchiv, daß mit einem Vertrag vom 6. April 1680 das Haus des Lorenz Arnold an das »allhiesige Kloster der Ehrenwürdigen Herren Barmherzigen Brüder zur Erweiterung des Freythofes« übertragen wurde.[82] Es hat sonach in Feldsberg mit größter Wahrscheinlichkeit zwei Friedhöfe gegeben. Einen für das Kloster mit dem Spital und einen für die Gemeinde.

Es gibt nämlich in der Pfarrchronik von Feldsberg – nicht zu verwechseln mit dem Pfarrarchiv von Feldsberg im Diözesanarchiv in Wien – Anhaltspunkte dafür, daß in der Nähe der alten Pfarrkirche ebenfalls ein Friedhof lag, was ja damals allgemein der Brauch war und eigentlich keine Überraschung ist. Es dürfte dies eben der Friedhof für die Gemeinde an sich gewesen sein.

Die Pfarrchronik ist erst in den 90er Jahren des 18. Jahrhunderts rückblickend angelegt worden, denn in der Einleitung heißt es:

»Etwelche Merkwürdigkeiten, welche die Herrschaftl. Amtsleute Franz Anton Walaschek und Karl Menz bey müssiger Zeit aus den alten Hochfl. Reskripten herausgezogen haben; allhier zusammengetragen den 29ten Jänner 791.«

Darin findet man folgende Eintragung:

»654 ist die Jesu, Maria und Joseph Kapelle auf dem Eisgruber Wege just auf der Mitte errichtet worden und hat müssen statt des Kreutzes, so

---

82 Stadtarchiv Feldsberg, Ratsprotokoll 1599–1681, (6. April 1680).

beym Schloße gestanden, auf Anordnung des Consistorii dahin erbauet werden. Nota: Man kann zwar nicht darauf kommen, wo die alte Kirche gestanden habe, muthmaßlich aber ist dieses Kreutz ein Mission Kreutz, welche meistens bei Kirchen in der Mitte des Freythofes zu stehen pflegten und bey Errichtung des Tarras sind eine Menge Menschenbeine daselbst ausgegraben worden; so glaubt man, die alte Kirche habe da gestanden, wo dermalen die Hauptwache und die untere Einfahrt in das Schloß ist und der anstoßende Tarras samt dem Auffahrtswege seye der alte Freythof gewesen.«[83] [Tarras kommt aus dem Italienischen und bedeutet Erdwall, Bollwerk, Barrikade.]

Dieser Vermerk in der Pfarrchronik zwingt zu folgender Überlegung: Der genannte Ort, an dem die menschlichen Gebeine gefunden wurden, es ist dies etwa im Bereich des heutigen Schwibbogens, wo tatsächlich einmal die Hauptwache stand, ist kaum 200 Schritte in südlicher Richtung von der Pfarrkirche entfernt. Wenn wir nun aus der gleichen Pfarrchronik die Geburtszahlen etwa für die Zeit von 1615 bis 1652 und die Taufzahlen und Sterbezahlen aus den Matrikeln der Pfarre Feldsberg, die sich derzeit im Landesarchiv Brünn befinden, vergleichen, können wir vielerlei wichtige Erkenntnisse gewinnen. Wobei wir zuerst einmal auf die Tatsache stoßen, daß zwischen der Pfarrchronik und den Taufmatrikeln der Pfarre Feldsberg beträchtliche Differenzen bestehen. Diese sind vielleicht dadurch zu erklären, daß unter Umständen die Pfarrchronik nur Feldsberger Täuflinge, das Pfarrmatrikelbuch der Pfarre zwischen 1615 und 1622 auch die Ortschaften Katzelsdorf, Bischofwarth, Garschönthal, Reinthal und Herrenbaumgarten umfaßte. Wir können daraus in mehrfacher Hinsicht interessante Schlüsse ziehen, die auch hohen soziologischen Wert haben:

1615 war die Zahl der Getauften von Feldsberg 81 (zusätzlich und getrennt davon sind noch die Täuflinge aus Katzelsdorf, Bischofwarth und Schrattenberg).

---

83 Pfarrchronik Feldsberg, S. 82.

Karl I.

	Pfarrchronik	Pfarrmatrikeln
1615	81	64
1616	–	86
1617	71	66
1618	67	81
1619	108	133
1620	72	59
1621	100	174
1622 et 1623	82	–
1624	62	109
1625	63	84
1626	56	82
1627	78	77
1628	75	90
1629	80	88
1630	87	91
1631	38	73
1632	65	87
1633	76	92
1634	80	86
1635–1641	ist das Taufprotokoll abgängig oder mangelhaft.	
1642	88	87
1643	69	98
1644	80	116
1645	51	–
1646	59	71
1647	69	78
1648	65	70
1649	59	54
1650	keine Eintragung	56
1651	49	46
1652	60	61
1653		62

Feldsberg war in diesen Jahren ein kleine Stadt mit etwa 2000 Einwohnern. Dies änderte sich im 17. Jahrhundert nicht wesentlich. Es waren daher auch die Sterbezahlen dementsprechend. Aus den Sterbematrikeln von Feldsberg, wie gesagt im

Landesarchiv in Brünn, finden wir für das Jahr 1615 129 Sterbefälle. Wir schlüsseln diese auf die einzelnen Monate auf:

	Sterbefälle	davon Kinder
Jänner	3	2
Februar	3	2
März	2	-
April	5	3
Mai	6	2
Juni	2	1
Juli	2	2
August	2	-
September	30	19
Okt.-Dez.	74	35

Leider sind die Monate Oktober bis Dezember nicht aufgeschlüsselt, so daß nur die Gesamtzahl für diese Monate genommen werden kann. Dennoch sehen wir daraus, daß ab September 1615 eine Seuche geherrscht haben muß, die die Sterbezahlen derart hinaufschnellen ließ. Im Jahre 1616 haben wir in den Matrikeln 47 Sterbefälle, davon 25 Kinder.

Das Jahr 1617 ist unvollständig geführt, 1618 haben wir 52 Sterbefälle, davon 32 Kinder, 1619 wieder 140 Sterbefälle mit 55 Kindern, 1620 finden wir 137 Sterbefälle mit 70 Kindern. Ein schlimmes Jahr war das Jahr 1621 mit 207 Todesfällen, davon 122 Kinder. In diesen drei Jahren müssen wieder Seuchen die Stadt gequält haben. Eigenartig und rätselhaft erscheint uns wieder das letztgenannte Jahr:

	Sterbefälle	davon Kinder
Jänner	5	4
Februar	9	-
März	10	6
April	8	5
Mai	7	4
Juni	8	7
Juli	7	5

Karl I.

	Sterbefälle	davon Kinder
August	21	13
September	30	20
Oktober	44	20
November	34	22
Dezember	24	16

Also auch hier wieder in den Herbstmonaten eine eklatante Erhöhung der Sterbezahlen, die Rätsel aufgibt, und immer wieder stoßen wir auf die erschütternd hohe Kindersterblichkeit. Im Jahre 1622 finden wir eine normale Todesrate um 30. Leider sind in den Matrikeln damals die Todesursachen noch nicht angegeben, so daß man sich nur schwer die Ursachen dieses enormen Wechsels in der Sterblichkeitsziffer erklären kann. Jedenfalls ersehen wir aus diesen Sterbeziffern, daß es ganz sicher ist, daß es neben dem Klosterfriedhof in Feldsberg noch einen Gemeindefriedhof gegeben haben muß, und alle Indizien weisen darauf hin, daß dies der nahe des Schwibbogens entdeckte Friedhof war. Da zu dieser Zeit hygienische Überlegungen noch nicht ins Gewicht fielen – in heutiger Zeit würde man vielleicht bei Seuchen einen Sonderfriedhof anlegen –, kann kaum ein Zweifel an unseren Überlegungen bestehen. Die Einwohnerzahl von Feldsberg hat sich nicht besonders verändern können, wenn wir die Sterbezahlen betrachten.

Dazu kommen aber noch zusätzlich zwei Seuchen, die laut geschichtlicher Überlieferung über die Stadt hereinbrachen und über die gesondert berichtet werden soll. In der Pfarrchronik finden wir die Eintragung: »643 bis 44 Ist eine greuliche Pest auf der ganzen Herrschaft gewesen.« Betrachten wir dazu die Sterbematrikeln, so sehen wir, daß in den Jahren 1642 mit 72, 1643 mit 86 und 1644 mit 65 Todesfällen durchschnittlich normale Werte zu registrieren sind. Nehmen wir hingegen das Jahr 1645, so finden wir eine Zahl von 377 Todesfällen. Dazu muß aber noch gesagt werden, daß mit 12. September die Eintragungen im Sterbematrikelbuch überhaupt aufhören. Möglicherweise ist der Matrikelführer, in Feldsberg war es zu dieser Zeit der Schullehrer Johann Conrad Aman, selbst der Seuche zum Opfer gefallen. Wir könnten uns vorstellen, daß die Todeszahlen bis zum Jahresende 500 oder mehr erreichten. Das wäre ein Viertel der gesamten Bevölkerung.

Betrachten wir die genaue Aufschlüsselung der Sterbefälle dieses Jahres:

	Sterbefälle	davon Kinder
Jänner	2	–
Februar	5	4
März	5	2
April	10	4
Mai	8	2
Juni	22	7
Juli	95	69
August	147	62
Sept.	83 (bis 12. Sept.)	29

Hier brechen die Matrikeln ab.

Auch hier wieder ein erschreckend hoher Prozentsatz an Kindern. Dem späteren Bürgermeister Martin Wiegbauer starben in dieser Zeit innerhalb Jahresfrist zwei Kinder, wobei das zweite auch ein Opfer der Seuche geworden sein könnte. Die entsprechenden Eintragungen in den Sterbematrikeln der Pfarre Feldsberg lauten: 1644, den 24. August, wird das Kind des Stadtrichters Martin Wiegbauer conduciert; 1645, den 30. August, stirbt das Kind Johann Martin Wiegbauer.[84] Dazu wurde schon gesagt, daß das rapide Ansteigen der Sterbezahlen erst in den Sommermonaten begann. Die erste Jahreshälfte weist noch normale Verhältnisse auf, wie aus der Aufschlüsselung der einzelnen Monate ersichtlich ist. Die zweite große Pestwelle wird mit dem Jahr 1679 in Verbindung gebracht, da

---

84 Sterbematrikeln der Pfarre Feldsberg.

Karl I.

ja im Oktober 1680 die Pestsäule in Feldsberg – allen geschichtlichen Angaben nach von Fürst Karl Eusebius – für die Gemeinde als Dank für die Errettung von der Pest in Auftrag gegeben worden war. Doch auch hier finden wir keine direkte Bestätigung aus den Sterbematrikeln. Die Sterbezahlen der Jahre 1678, 1679 und 1680 unterscheiden sich nicht auffallend, so daß eher die Überlegung aufkommt, daß in der Umgebung eine Pestepidemie gewütet habe, Feldsberg aber verschont blieb und dafür Gott gedankt wurde. Die betreffenden Sterbeziffern sind für das Jahr 1678: 90 Todesfälle, davon 50 Kinder, für das Jahr 1679: 102 Tote (39 Kinder), für das Jahr 1680: 59 Tote (28 Kinder), und für das Jahr 1681: 95 Tote (54 Kinder). Also eigentlich keine Hinweise auf eine Seuche in Feldsberg.

Diese Überlegung finden wir bei ZÖLLNER-SCHÜSSEL bestätigt. Wir lesen in ihrem Buch »Das Werden Österreichs«:

»Mehr als der Türkenkrieg hatte gewiß die Pest von 1679 hinweggerafft, die besonders in Wien, Niederösterreich und Steiermark wütete.«

Und sie zitieren Abraham a Santa Clara, »Judas der Ertzschelm«, 3. Teil, Salzburg 1692:

»Anno 1679 hat es die Kays. Residentz-Stadt Wien genugsam erfahren, indem sich dazumalen ein Freund vom Freunde abgesondert, ein Mann das Weib geschieden, ein Kind von den Eltern geflohen, in denen öden und sonsten unbewohnlichen alten Schlössern, in hohen Felsen und Stein-Klippen, in geringen von Gesträuß und Stauden zusamm geflochtenen Hütten, in tieffen Kellern und Gewölben, so gar in wüsten und gestunkenen Bocks-Ställen haben die Leute ihre Wohnung gemacht, damit sie nur von der Pest nit möchten angesteckt werden.«[85]

Eine zweite, drastische Schilderung der bedrohlichen Lebensumstände dieses Pestjahres findet sich im Katalog zur Ausstellung »800 Jahre Münzstätte Wien« in einem Beitrag von Bernhard KOCH, der allerdings auch ein Beispiel für eine erfolgreiche Gegenmaßnahme dokumentiert:

---
85 Erich Zöllner-Therese Schüssel, Das Werden Österreichs, S. 153.

»Das Pestjahr 1679 brachte die Münze in große Gefahr. [Gemeint ist hier die gesamte Münzstätte in Wien, namentlich Beamte und Handwerker im damaligen Münzamt in der Wollzeile. Anm. d. A.] Um dieser zu begegnen, ordnete Münzmeister Matthias Mittermayer von Waffenberg an, daß das Münzhaus mit dem Nötigsten für längere Zeit zu versehen sei und daß, nachdem das Personal mit Weib und Kind Zuflucht genommen hatte, Türen und Fenster bis auf kleine Öffnungen zu vermauern seien. Dadurch entgingen die Münzer großer Not und Verderben. Die so Geretteten gelobten daraufhin eine jährliche Wallfahrt zur Hl.-Dreifaltigkeits-Kirche in Lainz, die noch heute, nach über 300 Jahren, durchgeführt wird.«[86]

Aus all dem ersehen wir, daß sich die Zahl der Einwohner in Feldsberg in dieser Zeit nicht spektakulär verändert haben konnte: In dem Bereitungsbuch vom Viertel unter dem Manhardsberg vom Jahre 1590/91 finden wir bei Feldsberg 180 alte und 11 neu gebaute, also insgesamt 191 Häuser.[87] Im Jahre 1793 werden 299 Häuser gezählt.[88] Es kann also bestenfalls mit einem Durchschnitt von 220 bis 250 Häusern für unsere angegebenen Jahre gerechnet werden. Daß es bei dieser, wahrscheinlich ohnehin sehr hohen Schätzung der Häuser und damit Familien, zu einer derart hohen Geburtenzahl kam, ist beinahe unfaßbar. Wird diese Geburtenrate durch die Arbeiter des Fürsten, die in den Meierhöfen wohnten, derart hinaufgeschraubt worden sein? So vermutet man natürlich zuerst. Doch wenn man die Geburtsmatrikeln durchliest, kommt man vorwiegend auf Namen, die als Feldsberger Bürger geläufig sind.

---

86 Zitat aus „Geld – 800 Jahre Münzstätte Wien", Wolfgang Häusler (Hg.), Katalog zu einer Ausstellung des Kunsthistorischen Museums Wien, des Kunstforums Bank Austria und der Münze Österreich. Kunstforum Bank Austria, Wien 1994, S. 203.
87 Bereitungsbuch 1590/91, Viertel UMB fol 93, Feldsberg.
88 Walfried Blaschka, Historisches Ortsverzeichnis Südmährens, in Beiträge zur Geschichte und Landeskunde Südmährens, Heft 8/1982.

2.10. Kriegsnot

Wir erwähnten schon, daß Feldsberg infolge seiner grenznahen Lage in der ersten Hälfte des 17. Jahrhunderts immer wieder Kriegsschäden erlitt und Kriegslasten auf sich nehmen mußte. Dieses Schicksal hatte es bereits in den vergangenen zwei Jahrhunderten tragen müssen.

Im Jahre 1605 wurde die Stadt, allerdings vergeblich, von den Truppen Stephan Bocskays belagert. Die Ungarn und Siebenbürger streiften auch durch Mähren. Es wurde daher am 15. März 1605 Karl von Liechtenstein am Landtag zu Hradisch zum Feldherrn ernannt, der den Feind vertreiben sollte. Doch er erhielt von keiner Seite Unterstützung, jeder machte etwas anderes, Kardinal Dietrichstein trat sogar mit einer eigenen Truppe als Feldherr auf, und dies verstärkte nur die Uneinigkeit der kaiserlichen Führer.[89] Überhaupt läßt sich zwischen diesen beiden Männern eine ständige Animosität beobachten, die ihre gesamte Schaffenszeit andauerte.

Im Frühjahr 1620, also bald nach Beginn des Dreißigjährigen Krieges, wurde Feldsberg wieder zum Opfer der militärischen Bewegungen von beiden Seiten. Zuerst waren es die Truppen Bethlen Gabors, der auf seiten der Gegner Ferdinands in den Kampf eingegriffen hatte, im Sommer des gleichen Jahres waren es kaiserliche Truppen unter Dampierre. Mit großer Mühe konnte der Feldherr Graf Bouquoy unsere Gegend gegen die Feinde schützen.

Aus dem Stadtarchiv haben wir eine Unzahl von Quellen, die zeigen, unter welchem Druck damals Feldsberg stand. Wir haben zahlreiche Belege, die vom Magistrat angefertigt wurden, in denen die Auslagen und Kosten für das Kriegsvolk im Detail festgehalten sind. Etwa einen aus vielen:

---

89 Jacob von Falke, a. a. O., S. II/148.

»Verzaichnus Was allhier bey der gemain auf das Dampierig Mährisch so wohl Khays: Kriegsvolckh für Unkosten aufgegangen. Wir hierin begriffen: ...«[90]

Darin werden die Ausgaben aufgelistet, die sich aus dem Durchzug der Truppen und aus den Einquartierungen für die Zeit vom 2. Januar 1620 bis 10. Januar 1621 ergaben. Es war dies ein Betrag von etwa 1730 Gulden. Doch dies ist nur ein kleiner Teil, denn daneben gibt es noch zahlreiche weitere Auflistungen derartiger Ausgaben. Z. B.:

»Verzaichnus was bey gemainer Stadt Veldtsperg, auf das Mährisch-und Böhmische Kriegsvolckh vom 1619. biß 1621. Jahr für Unkosten aufgangen:«

Hier ergab sich ein Betrag von 25.374 Gulden, 58 Kreuzer.

Um die Situation ein wenig zu illustrieren, soll eine weitere Eintragung als Beispiel dienen:

»Den 3. August anno 1620 seint 700 Freyheyduckhen in die Vorstadt ankommen alda alles gewaldtättig aufgebrochen, welche den 5. Tag nacher auß Befehl d. H. Georg von Landau in die Stadt eingelassen worden, gleichfalls unbarmhertziger Weiß alles verhört und verzehrt, daß bey gemainer Stadt zugefügte Unkosten und Schäden zuerzahlen unmöglich ist, setzen wihr ohngefehr für gemelte schäden
200 fl.
Item ist auf bemelte 700 Freyheyduckhen in Haber aufgegangen 42 Muth 10 Metz. Jeden Muth
15 fl«

Im September des gleichen Jahres finden wir:

»Unter dessen seint wiederumb 500 Hussahren und Unger in die Stadt gewaldthätiger weiß kommen, darin unersättliches essen und Trinckhen, gleichermassen nitt hat khönnen aufgemerckht oder beschriben werden.«

Aus dem Jahre 1623, vom 14. November, finden wir im Stadtarchiv Feldsberg ein interessantes Originaldokument, das in

---

90 Stadtarchiv Feldsberg, Karton 10.

Karl I.

Wien ausgestellt wurde: Ferdinand II., Römischer Kaiser, läßt durch seine Vollmacht der Stadt Feldsberg die Ernennung Rudolfs von Tiefenbach zum Befehlshaber der kaiserlichen Truppen in Nikolsburg bekanntgeben und fordert die Stadt auf, daß sie ihn in Kriegszeiten unterstütze und ihm in allem behilflich sei.

In all der schweren Kriegszeit gab es aber auch einmal ein sehr seltenes und für die Bevölkerung frohes Ereignis. Im Stadtarchiv finden wir die Eintragung:

»Den 15. Juny 1625 sind Ihre Kayserliche May. von Nikelspurg allhier hero nach Veldsperg angekommen sambt derselben Frau Ehegemal und vielle ansehentliche Potentaten und haben allhier zu Mittag geßen und hernach zu Zistersdorf über Nacht bey dem Herrn Obristen von Tiefenbach verblieben.«[91]

Da von feindlicher Seite immer wieder militärische Gruppen über das Land herfielen, erließ der Fürst am 22. März 1626 an seine Untertanen einen Aufruf, sich mit aller Macht einem eventuellen Feind zu widersetzen, wenn es notwendig werden sollte. Es folgt darauf ein Ansuchen der Stadt Feldsberg an den Fürsten um Überlassung der »alten Stagetten«, die beim Schloß ausgetauscht und im Ziegelofen verbrannt wurden. Es sollten damit die Befestigungen und Schranken in der Vorstadt verstärkt werden.[92]

Am 29. August 1632 wird vom kaiserlichen Ober-Quartier-Commissar Rudolf Brauer von Puchheim der Rest der vorgeschriebenen Kontribution eingemahnt und mit militärischer Exekution gedroht.

Die Einquartierungen gingen weiter, wir finden z. B. am 16. Marty 1634 eine Zusammenstellung für Verpflegung von 37 Personen und 75 Pferden, oder etwa am 8. Mai 1634 die Anforderung eines Regimentsstabes für die Zeit vom 22. April bis

---

91 Ebendort, Karton 10.
92 Ebendort.

9. Mai mit 2304 Portionen Verpflegung für die Mannschaft und für 51 Pferde. Zahlreiche Verpflegsbelege sind hier nicht erwähnt, weil sie kein Datum tragen. Wahrscheinlich stammen sie aus der Zeit vor und nach 1634.

Die Lage der Stadt und der Bevölkerung muß unerträgliche Ausmaße angenommem haben, denn am 25. August 1639 teilt Kaiser Ferdinand III. in einem Schreiben an die Stände Niederösterreichs mit, daß er alle harten Maßnahmen ergreifen wolle, um die Unruhe und Quälerei der Untertanen, sei es durch Zigeuner, marodierende Soldaten oder auch militärische Anwerbetrupps zu beenden.[93]

Doch Feldsberg wurde auch durch den Fiskus selbst belastet. Am 6. August 1643 wurde von Ferdinand III. eine Urkunde ausgestellt, in der er dem Bürgermeister und dem Rat der Stadt eine Schuldverschreibung über den Betrag von 400 Gulden, ausgeborgt zu Kriegszwecken, ausstellt.[94]

Durch den Vormarsch der Schweden kam neuerlich das direkte Kampfgeschehen über die Stadt. KARL HÖSS schildert recht anschaulich die Situation dieser Zeit und die Methoden, mit denen auch der geringste Widerstand der Bevölkerung gebrochen wurde.[95]

Nun mußten an die Schweden Kontributionen gezahlt und alle benötigten Waren und Lebensmittel geliefert werden. Wir haben vom Februar 1646 eine Zusammenstellung, welcher Betrag den Schweden unter dem Titel »Prandsteuer« abgeliefert werden mußte. Darin sind die Bürger Feldsbergs mit Namen und nach den Vierteln geordnet, aufgezählt. Die Summe betrug über 3000 Gulden.[96] Im Jahre 1647 wurde in Olmütz ein Erlaß herausgegeben:

---

93 Ebendort.
94 Ebendort.
95 Karl Höß, Geschichte der Stadt Feldsberg, S. 55 ff.
96 Stadtarchiv Feldsberg, Karton 10.

Karl I.

»Dero Aller Durchlauchtigsten großmächtigsten Fürstin und Frawlein, Frawlein Christine, der Schweden / Gothen und Wenden Königin / Großfürstin in Finland, Hertzogin zu Ehisten, Karellen, Frawlein über Ingermanland, unßer allergnedigsten Könnigin und Frawlein uber ein Regiment zu Fueß besteldter Obrister und alhiesiges Orthes Commandant Joh. Wallentin Winter«

teilt in diesem Erlaß mit, daß die Bevölkerung neuerlich dringend aufgefordert wird, nicht den geringsten Widerstand gegen die Besatzung zu leisten, widrigenfalls mit schweren Strafen gedroht wurde.

Ein weiterer Erlaß der Schweden, herausgegeben vom Obristen Valentin Winter, ebenfalls in Olmütz am 15. August 1647, gibt bekannt, daß Lebensmittel, Viktualien und andere Waren bei Strafe nicht in vom Gegner besetzte Städte und Dörfer geliefert werden dürfen.

Selbstverständlich mußte hier auch die kaiserliche Seite agieren: Von Fürst Karl Eusebius wurde am 30. März 1647 ein Erlaß an seine Untertanen herausgegeben, worin jede Zusammenarbeit mit dem Feind neuerlich verboten wurde.

Am 25. Februar 1648 wird nochmals von den Schweden ein Schreiben an eine große Anzahl von Gemeinden in Südmähren und Niederösterreich gerichtet, darunter natürlich auch Feldsberg, und die Bevölkerung wird gewarnt, daß sie ihre »Halsstarrigkeit beenden solle, da ansonsten gesagte Einwohner, samt und sonders nunmehr nichts anders als feuer und Schwerdt, auch Ihren Endlichen total Ruin und gentzlichen undergang unauß Bleiblich zu gewarthen haben ...«.

Mit Ende des Dreißigjährigen Krieges war aber die Not der Menschen nicht vorbei. Nach wie vor drohte die Türkengefahr, die Bevölkerung wurde zu Schanzarbeiten aufgerufen, nach wie vor gab es Einquartierungen in der Stadt. Auch hier gibt es zahlreiche Belege. Zum Beispiel:

21. Juli 1649 bis 8. Januar 1650, Aufwendungen für das Philippische Regiment   863 fl 53 kr.

1649 bestand eine Verpflegsportion aus »zwey Pfundt Brodt, ein Pfundt Fleisch, zwey Maß Pir oder ein Maß Wein. Für ein Pferdt des Tages 6 Pfundt Haber, 10 Pfundt Hey«.

15. Februar 1650, ein Leutnant, 11 Reiter 29½ Wochen in Feldsberg und Herrenbaumgarten im Quartier.

6. September 1654, Mahnung der Contribution.

Der Bevölkerung dürfte sich bereits eine gewisse Apathie bemächtigt haben, sie muß völlig ausgeblutet gewesen sein, denn in einem Erlaß vom 1. August 1655 appelliert Kaiser Ferdinand III. an alle ranghohen Offiziere, für absolute Ordnung im Lande unter der Enns zu sorgen, und warnt alle Übeltäter, aber auch ihre Offiziere, vor strengen Strafen. Im nächsten Jahr folgt wiederum ein Erlaß Ferdinands, worin er jegliche Anwerbung von Soldaten für fremde Potentaten strengstens verbietet (13. März 1656).[97]

In Feldsberg gehen die Einquartierungen weiter, 1656 soll wieder ein Teil des Philippischen Regiments untergebracht werden, am 4. April 1658 und 17. September desselben Jahres finden sich Belege für weitere Leistungen der Stadt. 1661 haben wir eine Forderung an das »Conzagische Regiment« für die Zeit vom 10. August 1661 bis Ende Jänner 1662. Noch in den Jahren 1671 und 1679 finden wir Eintragungen über Einquartierungen, 1683 ein Register über »eingebrachtes Schantzgeldt bey der Statt Feldtsperg pro anno 1683; 68 fl 29 kr«.

Auch hier sehen wir die Aufteilung auf die 8 Stadtviertel mit den Namen der Bürger.

Erst nach dem Sieg über die Türken kam endlich Ruhe in die Stadt.

---

97 Ebendort, Karton 10.

3.
Karl Eusebius

Nach dem Tode Karls I., er starb 1627, war sein Sohn Karl Eusebius erst 16 Jahre alt, weshalb sein Onkel Fürst Maximilian vorerst das fürstliche Haus und die Güter leitete. Dieser übertrug am 3. Februar 1628 dem Maurermeister Joh. Bapt. Carlone den Neubau des Meierhofes in Feldsberg.[98]

Im Oktober 1623 war Maximilian gemeinsam mit seinem Bruder Gundacker in den Fürstenstand erhoben worden, wobei seine Verdienste in der Schlacht am Weißen Berg geltend gemacht wurden.[99]

Maximilian gründete die fürstliche Familiengruft in Wranau, das zur Herrschaft Posoritz, dem ererbten Gute seiner Frau Katharina, gehörte. Die Stiftungsurkunde wurde am 14. September 1633 in Rabensburg ausgestellt. Der erste Liechtenstein, der dort beigesetzt wurde, war der einige Jahre vorher verstorbene Fürst Karl I.

Der junge Karl Eusebius ging inzwischen auf Reisen (1627–1632), um, wie es damals üblich war, sein Weltbild zu bereichern, bis er dann tatsächlich im Jahre 1632 die Regierung antrat. Diese Reise machte er zum Teil gemeinsam mit seinem Vetter Hartmann, Gundackers Sohn. Besonders am Pariser Hof empfing er entscheidende Eindrücke. Er heiratete 1644 Johanna Beatrix aus dem Hause Dietrichstein, die Ehe dauerte 32 glückliche Jahre, es entsprangen ihr neun Kinder, doch starb ein großer Teil noch im Kindesalter. Da Johanna Beatrix die Tochter seiner Schwester Anna Maria und des Fürsten Maximilian von Dietrichstein war, benötigte Karl Eusebius zur Hei-

---

98 Victor Fleischer, Fürst Karl Eusebius von Liechtenstein, S. 31.
99 Jacob von Falke, a. a. O., S. II/258 ff.

rat einen päpstlichen Dispens.[100] Während sein Vater eher eine Schwäche für Eisgrub hatte, erwählte er Feldsberg zu seiner Residenzstadt und bemühte sich, den am Hofe in Paris gesehenen Lebensstil auch auf sein neues Residenzschloß zu übertragen. In seine Zeit fällt der rasante Ausbau Feldsbergs, er versuchte den Glanz seiner Stellung sichtbar zu dokumentieren.

Die im Verlaufe des Dreißigjährigen Krieges auf seinen Besitzungen geschlagenen Wunden suchte er durch gutes Wirtschaften zu heilen, er führte eine geregelte Hofbuchhaltung und ein Wirtschaftskollegium ein, die beide ihren Sitz in Feldsberg hatten. Auf sie wird später noch eingegangen. Im Jahre 1638 kaufte er neuerlich Lundenburg.

Schon am 11. November 1632 bestätigte er in einer in Feldsberg ausgestellten Urkunde die der Stadt von seinem Vorgänger am 28. Juni 1625 verliehenen Privilegien.[101]

3.1. Kirche

Karl Eusebius war ein eifriger Förderer des wiedererweckten Katholizismus. Er ließ in Feldsberg, seiner Residenz, die Kirche zwischen 1631 und 1671 völlig neu erbauen, dazu hatte er, wie schon sein Vater, etliche Bürgerhäuser aufgekauft, um den Stadtplatz zu vergrößern.

Viel wurde darüber gerätselt, wo die alte Pfarrkirche gestanden war. Man hat sie auch an der Stelle der heutigen Pestsäule vermutet, sogar Historiker taten dies. Wenn man jedoch die Erneuerung des Privilegs Karls I. durch Johann Adam Andreas genauer liest, findet man die Bemerkung, daß der Fürst anstelle der »zuer angezihlten Ehre Gottes undt der Heyl:Pestpatronen abgetragenen Roßschwemb« die Gemeinde beim Bau einer neuen Roßschwemme unterstützen werde.

---
100 Derselbe, a. a. O., S. II/301 ff.
101 Stadtarchiv Feldsberg, Prilegien.

Die Kirche stand also sicher nicht dort, sondern eben die abgetragene »Roßschwemb«.

Nach heutigem, doch ziemlich gesichertem Wissen steht die jetzige Pfarrkirche am Ort der ehemaligen Kirche, da die Sakristei bis 1654, also weit in die Zeit des Baues der neuen Kirche, benützt wurde und in unmittelbarem Zusammenhang mit dieser neuen Kirche stand.[102] Es spräche also die geringe Entfernung von 200 Schritten bis zum Friedhof für die Überlegung, daß die gefundenen Gebeine vom Gemeindefriedhof stammen, der wie üblich nahe der Kirche lag. Daß es sich dabei um höhere Beamte des Fürsten handeln könnte, ist kaum anzunehmen, und die in Feldsberg beerdigten Angehörigen der fürstlichen Familie wurden bis dahin, wie wir wissen, in der Kapelle begraben, die eben 1654 weggerissen wurde. In diesem Zusammenhang sollte auch erwähnt werden, daß es sich bei der Errichtung des Kreuzes auf der Eisgruber Straße nicht um die Übertragung bzw. Transferierung eines Missionskreuzes oder Friedhofskreuzes gehandelt hat, wie in der Pfarrchronik vermutet wurde. Es wurde vielmehr im Jahre 1654 die Schloßkapelle abgetragen, für die an der genannten Stelle ein Kreuz oder ein Oratorium, gewissermaßen als Ersatz, errichtet werden mußte.

Die außerordentlich großzügig geplante Kirche wurde in der Nordostecke des Platzes errichtet. Sie mißt im Inneren in der Länge 48 m und in der Breite 28 m. Die Höhe beträgt im Kuppelbereich 34 m. Neben dem Hochaltar finden wir die Standbilder des Kaisers Heinrichs des Heiligen und des Papstes Silvester II. Darüber, auf dem Gesimse, die Statuen von Moses und Aron und darüber noch König David und den Propheten Ezechiel.

---

[102] Karl Weinbrenner, Zur Baugeschichte der Pfarrkirche zu Feldsberg, Monatsblatt d. V. f. L. 1912, S. 104 ff.

Das Hochaltarbild, Mariä Himmelfahrt, war ursprünglich ein Originalbild von P. P. Rubens, wurde aber zu Beginn des Siebenjährigen Krieges zwischen Maria Theresia und Friedrich II. entfernt und durch eine Kopie von Fanti ersetzt. Das Original befindet sich heute im Schloß Vaduz. Gegenüber der Kanzel sehen wir ein Standbild des hl. Johannes von Nepomuk. Der Schöpfer ist Ignaz Lengelacher, der 1689 in Oberbayern geboren wurde, jedoch einen Großteil seiner ersten Lebenshälfte im Hause der Familie der Grafen und Fürsten von Dietrichstein in Nikolsburg verbrachte und in der Umgebung zahlreiche Werke schuf. Neben Nikolsburg und Feldsberg z. B. auch in Dürnholz, Wisternitz, Kiritein.

Über dem Bild Mariä Himmelfahrt sehen wir ein kleineres Bild, die Hl. Dreifaltigkeit darstellend, – es soll ein echter Rubens sein. Auch in einem Inventarbericht des damaligen Pfarrers Wegricht vom Oktober 1858 wird es als ein Original-Rubens gemeldet.[103] ANDERKA ist anderer Ansicht, er meint, dieses Bild über dem Hochaltar wurde 1719, zusammen mit den Gemälden oberhalb der beiden großen Seitenaltäre in Venedig, unbekannt bei welchem Meister, bestellt.[104]

Im Mittelteil stehen in Nischen die vier Evangelisten Matthäus, Markus, Lukas und Johannes. In den beiden Querschiffen des Mittelteiles haben wir am linken Seitenaltar »Die Beschneidung Christi im Tempel«, am rechten Seitenaltar »Die Heiligen Drei Könige«. Über diese beiden Bilder erfahren wir später noch Genaueres. Der zweite Seitenaltar rechts ist dem hl. Karl Borromäus geweiht, auf der dazugehörigen Altarbank stehen in einem Glasschrank die Reliquien des hl. Justus, die nach Aufhebung des Franziskanerklosters am 12. Juli 1807 feierlich hierher transferiert wurden. Die Authentik der Reliquie wurde am 16. April 1708 von den kirchlichen Behörden

---

103 Fürstl. Liechtenstein'sches Archiv, Bericht des Pfarrers Wegricht 1858.
104 Hans Anderka, Unsere Heimat Feldsberg, S. 37 ff.

bestätigt.[105] Dahinter, dem Kirchenausgang zu, haben wir noch als dritten Seitenaltar »Mariä Heimsuchung«. Der Seitenaltar gegenüber gedenkt mit seinem Altarbild der »Flucht nach Ägypten«. An seiner Evangelienseite steht noch die alte Hauerfahne, heute leider schon in einem desolaten Zustand. Sie wurde bei großen Feierlichkeiten, wie Auferstehung oder Fronleichnam, von fünf Hauerburschen, die ob ihrer Funktion sehr beneidet waren, getragen. Diese Fahne erhielten die Weinbauern von Feldsberg im Jahre 1801, nachdem bereits 1799 die Innungen der Schneider, Faßbinder und Schmiede eigene Fahnen erhalten hatten.[106]

Unsere Betrachtungen gehören zwar nicht mehr exakt in die Epoche des gesetzten Themas, wir wollen aber noch der Vollständigkeit halber die Beschreibung der Pfarrkirche vollenden.

Das Bild am nächsten Seitenaltar in Richtung Hauptaltar – der hl. Mutter Anna geweiht – stammt von Franz von Neve, einem Rubensschüler. In den Rechnungsbüchern finden wir die Eintragung: 1681, Februar 4. »Dem Frantz de Neve, Mahlern in Wien, vor ein Bildt in die hiesige Pfarrkirchen« 150 fl.[107] Schließlich kommen wir wieder zu dem schon erwähnten Altar im linken Seitenschiff, »Die Beschneidung Christi« mit dem entsprechenden Altarbild, und davor finden wir wiederum einen Reliquienschrein mit den Gebeinen des hl. Antoninus, laut Authentik vom 9. März 1694 und mit Konsistorialbewilligung vom 2. Mai 1783 aus dem Königskloster hierher übertragen. Diese Angaben der Pfarrchronik Feldsberg sind nicht ganz präzise. Es sollte richtig heißen: aus dem Königinnenkloster, dem Clarissinnenkloster, das sich in Wien in der Dorotheergasse befand.[108] Doch zurück zur Pfarrkirche und zur

---

105 Pfarrarchiv Feldsberg im Diözesanarchiv Wien, Karton III.
106 Pfarrchronik Feldsberg, Teil 3.
107 Victor Fleischer, a. a. O., S. 66.
108 Diözesanarchiv Wien, Pfarrarchiv Feldsberg.

Zeit ihrer Erbauung. Eine ausgezeichnete Baugeschichte dieser Kirche haben wir von dem Architekten Karl WEINBRENNER, seinerzeit Professor an der Deutschen Technischen Hochschule in Prag, der Ende des 19./Anfang des 20. Jahrhunderts fürstlich Liechtensteinscher Hofarchitekt war. Von ihm wurden übrigens die Türme der Pfarrkirche im Jahre 1910 in der heutigen Form fertiggestellt.

Die Verhandlungen für den Bau der Kirche wurden von Fürst Maximilian, der die Regierungsgeschäfte interimistisch für den noch jungen Karl Eusebius führte, begonnen.

Als Architekt der Pfarrkirche wurde Giacomo Tencala ausgewählt, der aus der Gegend von Lugano stammte. Er wurde fürstlicher Baumeister genannt und erhielt nach seinem Kontrakt freie Wohnung, 450 Gulden Bargeld und 150 Gulden Kostgeld, außerdem 20 Eimer Wein und 30 Eimer Bier, 12 Klafter Holz, dann 3 Laib Brot täglich und das Futter für ein Paar Pferde.

In der Geschichte des österreichischen und süddeutschen Barock finden wir etliche Mitglieder der Künstlerfamilie Tencala. Ein Architekt Constantin Tencala ist am polnischen Hof in Warschau, der Bahnbrecher des barocken Freskos in Österreich, Carpeforme Tencala, war Hofmaler der Gemahlin des Kaisers Ferdinand III., er hat außer den Fresken in der Wiener Dominikanerkirche auch die Deckenmalereien in der bischöflichen Residenz in Olmütz sowie im Dom zu Passau ausgeführt, ein Bruder des Baumeisters namens Giovanni Tencala hat die Errichtung der Dreifaltigkeitssäule am Graben in Wien geleitet und gemeinsam mit Bianchi die Stuckarbeiten in Feldsberg ausgeführt.

Die Vorbereitungen zum Bau wurden allerdings schon früher begonnen: Im Jahre 1630, am 27. Jänner, erhielt die Stadt Feldsberg den Auftrag, »zu vorhabenden Kirchengebeude noch ober voriges 200 Klafter Stein und 200 Ziegel« zu führen. Diese Pflichtfuhren scheinen die Stadt sehr belastet zu haben, denn sie bat nun mehrmals um Befreiung von dieser Verpflichtung, wobei sie besonders auf das Privileg des Fürsten Karls I. hinwies, in welchem sie von derartigen Robotleistungen eigentlich befreit worden sei. Die Stadt mußte durch Strafandrohungen und Dekrete zur Erfüllung ihrer Pflicht gezwungen werden.[109]

Am 26. Oktober 1631 fand die feierliche Grundsteinlegung durch den Bischof von Olmütz, Kardinal Dietrichstein, statt.

Es wurde bereits erwähnt, daß im Verlaufe des Baues die alte Sakristei noch bis zum Jahre 1654 stehen blieb und dann erst in die heutige Form umgebaut wurde, wobei es noch einer Intervention der Fürstin bedurfte, um sie in der endgültigen Größe zu gestalten.

1637 wurde vom Baumeister Tencala ein Vertrag mit dem Bildhauer Bernhard Bianchi über die Herstellung der Stuckdekorationen des großen Gewölbes über dem Kirchenschiff, des Presbyteriums, der beiden Seitenschiffgewölbe und der dort befindlichen Fenster sowie des Fensters über dem Orgelchor abgeschlossen.

Recht interessant ist das Honorar des Meisters Bianchi: 1850 Gulden Bargeld, weiters 750 Laib Brot, 10 Zentner Fleisch, je 1½ Zentner Karpfen und Hechte, 18 Eimer Wein, 10 Faß Bier, 100 Maß Schmalz, 1 Zentner Käse, 8 Scheffel Salz, je 1½ Metzen Gerste, Erbsen, Weizenmehl, Brein und Heiden, 25 Pfund Unschlittkerzen, 6 Klafter Brennholz.[110]

Am 1. September 1638 erfolgte die Akkordierung der weiteren Stuckarbeiten in der Kirche an die beiden Meister Bernhard Bianchi und Giovanni Tencala, den Bruder des Baumeisters. Bernhard Bianchi war übrigens ein Schwager der beiden Brüder Tencala. Es sollten also die gesamten Stuckdekorationen

---

109 Victor Fleischer, a. a. O., S. 18.
110 Karl Weinbrenner, Zur Baugeschichte der Pfarrkirche zu Feldsberg, Monatsblatt d. V. f. L. 1912, S. 108 ff.

im Innenraum der Kirche erstellt werden, ebenso das große Wappen im Giebelfeld. Die von Bianchi übernommenen Arbeiten wurden 1637 abgerechnet, waren also fertig, die von Giovanni Tencala zu erstellenden kamen aber nicht mehr zum Abschluß, da am 23. Oktober die Kuppel des Baues eingestürzt war und die beiden Seitengewölbe mitgerissen hatte.

Die Ursachen des Unglücks waren nicht bekannt, vielleicht spielte doch eine gewisse Unerfahrenheit des Bauführers bei einem derart großen Bau eine Rolle, vielleicht auch eine Überforderung der Maurer bei einer so gewaltigen Deckenkonstruktion. Jedenfalls wurde der Baumeister und Bauführer Tencala abgelöst, an seine Stelle trat der Brünner Andrea Erna.[111] Durch den Einsturz der Kuppel scheint die Baubegeisterung des Fürsten ein wenig gelitten zu haben, denn der Feldsberger Pfleger Hörner beklagt sich, daß seine mündlichen und schriftlichen Vorstellungen wegen verschiedener notwendiger Bauarbeiten an der neuen Kirche keine Erledigung beim Hofmarschall erfahren. Er erbittet sich zum Beispiel Weisungen bezüglich der Türme, ob diese »als beständig und mit Kupfer eingedeckt werden sollen, damit das Dachwerk von Unwetter und Regen nicht Schaden leide«. Die Türme wurden also als Provisorium betrachtet, sie erhielten einstweilen ein Ziegeldach ohne Turmkreuz oder Endigung, was ihren Charakter als Provisorium kennzeichnen sollte.

Die Antwort des Fürsten auf die Anfrage lautet schließlich wörtlich:

»... Anlangendt das holtz und bindtwerk auff den Kirch Thürmen daß die Zimmerleuth sagen, es sei noch vom regen khein Schade beschehen, vernehmen wir gerne, daß Sie aber sagen wollen, daß obschon der Regen dran Schlage weil es Eichenes holtz so thette es doch nit faulen, das glauben wir nit, dan jedwedres holtz so an Lufft und regen stehet, thuet faulen, und dies stehet schon viel Jahr allso, wirst es allso zur besseren

---

111 Derselbe, Zur Baugeschichte der Pfarrkirche zu Feldsberg, Monatsblatt d. V. f. Landeskunde 1912, S. 104 ff.

sicherheit, weil das bundtwergk noch guett sein solle mit Schindel eindeckhern laßen, damit es vom Regen unverlezter bleibe und es ins Künfftig ein bestendigen Bau mache wann man es mit Kupffer oder Blech wirt wollen und Sollen Eindecken, zu solchen dann ein bestendiges werk sein mus, daß man nicht von wenig zu wenig Jahren neües abermahl einrichten muß, So wirt es auch hiebscher stehen wan Sie mit Schindeln eingedeckt sein, als es Jezt mit denen Zerrissenen und durchsichtigen Prettern außsieht. Hiran Erstellest du Unsern gnedigen Willen undt Wir verbleiben dir mit fürstlichen gnaden gewogen, Geben auf Unserem Schloß Feldspergk den Ersten Monatstag July deß Sechzehnhundert Ein und fünffzigsten Jahrs.«[112]

(Die einleitenden Worte beziehen sich auf das Verlagshaus am Stadtplatz, das auch vom Fürsten angekauft wurde, um Platz für die neue Kirche zu schaffen.)

1641 wurde unter Maurermeister Andrea Erna wieder gearbeitet, er war aber nicht leitender Architekt, sondern als Unternehmer der Maurerarbeiten am Bau beschäftigt. Ihm wurden folgende Arbeiten laut Kontrakt vom 4. August 1641 übertragen:

1. Die Ausbesserung der verfaulten Gerüste.
2. Die Abtragung der rechten Mauer gegen das Seitenhaus bis zum Fußboden und Neuaufführung derselben.
3. Alle vier Säulen bis auf das Gesims abbrechen, ebenso das Gewölbe bis zum ersten Schwibbogen.
4. Die vier großen Schwibbogen sollen von neuem gemacht werden samt einem Gewölb a vella.
5. Die Mauer beim großen Altar mit eisernen Schließen verfestigen; Gesimse in- und auswendig durch die Kirche so zu machen, wie sie angefangen sind, ebenso auch die Oratorien.

Die Akkordsumme für diese Arbeiten beträgt 4000 Gulden. Der Kontrakt ist bei FLEISCHER im Originalwortlaut nachzu-

---

[112] Moravsky Zemsky Archiv Brünn, Valtice-Velkostatek, Karton 141.

lesen[113] (Victor Fleischer, »Fürst Karl Eusebius von Liechtenstein als Bauherr und Kunstsammler«).

Jedenfalls ersehen wir daraus, daß Erna die Kirche in einem trostlosen Zustand übernahm. Bald darauf unterbrachen die ständigen Kriegswirren den Kirchenbau wiederum für einige Jahre. In dieser Zeit kam noch hinzu, daß Feldsberg an den Lasten des Dreißigjährigen Krieges in Form von Kontributionen und immer wieder geforderten Einquartierungen schwer zu tragen hatte. Besonders nach dem Tode Gustav Adolfs, als Torstenson den Oberbefehl übernommen hatte, zogen die schwedischen Söldner brennend und verwüstend durch unsere Gegend. Feldsberg wurde 1645 von ihnen besetzt, an eine Weiterführung des Baues war nicht zu denken, die italienischen Künstler und Handwerker kehrten in ihre Heimat zurück.[114] (Siehe auch das Kapitel »Kriegsnot«.)

Fünf Jahre nach Abschluß des Westfälischen Friedens, im Jahre 1653, setzte Karl Eusebius den Bau fort. Maurermeister Erna war inzwischen gestorben, jedoch nahm sein Sohn die Arbeit wieder auf. Giovanni Tencala, der Bildhauer und Stukkateur, fungierte als Leiter des Baues.

In der Pfarrchronik von Feldsberg finden wir, daß in den Jahren 1654 und 1655 die Feldsberger für die neue Kirche Marmorsteine transportieren mußten, aus derselben Quelle erfahren wir, 1637 »haben die Baumgartner zur hiesigen Kirche Werckstück geführet«.[115]

Fürst Karl Eusebius ließ an den Fassaden am Hauptportal im Jahre 1660 die Bildhauerarbeiten von Francesco Tarone durchführen, sie stellen die Apostel Petrus und Paulus dar.

Infolge der Unsicherheit bei der drohenden Türkengefahr trat wieder eine Pause von 10 Jahren ein, nach der dann end-

---

113 Victor Fleischer, a. a. O., S. 20.
114 Karl Weinbrenner, a. a. O., S. 104 ff.
115 Pfarrchronik Feldsberg, S. 82.

Karl Eusebius

lich der Bau fertiggestellt werden konnte. Tencala hatte inzwischen bereits Feldsberg verlassen und suchte 1663 um eine Nachzahlung von 600 Gulden an.

Fürst Karl Eusebius behielt sich alle weiteren Instruktionen für den Bau selbst vor, er sorgte sich um die noch aufzubringenden Gelder und schlug vor, den Gewinn aus der Abfischung der Teiche zu verwenden. Er befahl seinen Räten:

»Also befehlen wir Euch alles machen zu lassen und die Mittel hiezu aus Renten und Fischungen der Teucht zu nehmen, besonders von dem jetzigen Teucht des Steinatams, welcher ein dreytausend Gulden dazu geben soll. Auch künftigen Herbst die Fischungen anderer Teucht, bis alles verfertigt sey. Also und auch dergestalt, daß dies Werk nunmehr nimmer ersitzen bleibe, sondern die Kirchen völlig verfertigt und mit stettem allzeit möge und solle gebraucht werden. Was aber die angeben aller dieser Sachen betrifft, werden wir selbst jedes den Handwerksleuthen angeben, sonsten wenn sie solches allein nach ihrem Kopf und Eueren Angaben machen würden, alles nichts nutz und unangenehmb werden würde, welches zu sehen ist aus der jetzigen Kirchenthür, wie übel und ohne Proportionen sie ist, weil man die Handwerksleuthe aus ihrem eigenen Sünn hat arbeiten lassen, so ist also ein schönes Werk daraus geworden, daß man umb ein Pahr hundert Gulden der unkosten umbsonst ist und man sie wekthuen muß; also würde auch mit dem Predigtstuhl werden, sie würden etwas ungereimbts machen und also von allen Sachen. Dahero Ihr nur die Geldmittel verschaffen und acht haben sollet, daß die Arbeitsleuth fleißig arbeiten. Die Abriß wie jedes sein soll wollen wir schon selbst verfertigen lassen und man soll nichts anderes machen als wir und wie wir es angeben werden.«[116]

Vom 26. August 1661 gibt es eine interessante Instruktion über die Abfischung des Steindammteiches, herausgegeben in Feldsberg von Martin Ladislaus Hörner von Hornegk, jedoch von mir bereits in den heutigen Sprachgebrauch transponiert:

»Instruktion, wie sich der Herr Hauptmann der Herrschaft Feldsberg und die Wirtschaftsverwalter bei der Fischerei am Steindammteich zu verhalten haben:

---

116 Karl Weinbrenner, a. a. O., S. 104 ff.

Erstens, weil dieser Fischteich, auf dessen finanziellen Ertrag sich seine fürstl. Gnaden gnädig Hoffnung macht, diesen Herbst mit besonderem Fleiß gefischt werden soll; darum soll mit der eigentlichen Fischerei, beginnend am 1. Oktober früh bei Tagesanbruch, nachmittags allerdings um 4 Uhr endend, jedem Fischereiknecht zeitig früh ein Frühstück und nach dem Tagesfischfang wiederum ein Essen gegeben werden.

Zum Fischfang soll man täglich 16 Personen verwenden, eine Woche aus Bischofwarth, die zweite jedoch aus Unter-Themenau und Ober-Themenau.

Das Kassengeld, das täglich eingenommen wird, soll jeden Abend durch den Hauptmann oder den Waldreiter dem Rentmeister abgeliefert und ordentlich in das Geldregister mit Bezeichnung des Tages eingetragen werden.

Die Deputatempfänger sollen nach ihren Dienstzetteln befriedigt werden, jedoch nicht mit größeren Ausschußfischen und zum Schaden Seiner fürstl. Gnaden.

Und weil sich vor allem bei der Fischerei verschiedene Unzukömmlichkeiten ereignen und die Tage mit Essen verbracht werden, die Fische hierhin und dorthin willkürlich ohne Vergütung verteilt werden und zum Schaden Seiner fürstl. Gnaden abgefischt werden, also ordnet hiemit der Allergnädigste an, daß man sich dessen in Zukunft enthalte und im Falle, daß festgestellt wird, daß nur ein einziger Fisch, unter welchem Vorwand auch immer das geschehen könnte, fehlt und glaubwürdig nachgewiesen worden ist, daß dies der Verwalter oder ein ›Officirer‹ wagten, hat der, wer auch immer so handelt, ohne Widerspruch als Strafe für jeden Fisch 10 Thaler zu zahlen. Nichtsdestoweniger wird es jedem erlaubt, sich einen oder mehrere Fische für sein Geld zu kaufen, und er kann gleich nach ihrer Bezahlung disponieren, wie immer er will.

Der ›Samstagfisch‹ soll nach einem alten Brauch jedem Beamten, d. i. vom Hauptmann bis zum Fischmeister, abgegeben werden.

Die Fische sollen nicht nach dem Ansehen der Person gegeben werden, dem einen mehr als dem anderen für sein Geld, sondern jedem entsprechend der Höhe des Geldbetrages; und damit aber jeder einzelne wisse, daß er sich nicht mit Unkenntnis entschuldigen könne, ist dieser allergnädigste Befehl Seiner fürstl. Gnaden und meine amtliche Weisung den Beamten erteilt worden.«[117]

---

117 Moravsky Zemsky Archiv Brünn, Valtice-Velkostatek, Karton 160.

Das Original befindet sich im Mährischen Landesarchiv in Brünn, eine Kopie davon liegt im Liechtenstein-Archiv in Wien.[118]

Über diesen eben erwähnten »Steinatam«, den Steindammteich, müssen doch einige Worte gesagt werden. Er ist im Liechtensteinurbar vom Jahre 1414 nicht erwähnt, denn damals befand sich ja noch auf diesem Gebiet die später abgekommene Siedlung Königsbrunn. Es gab allerdings östlich von Voitelsbrunn einen kleinen Teich, an dessen Südrand wahrscheinlich die Grenze zwischen Mähren und Niederösterreich verlief. Im Bereich von Königsbrunn selbst gab es ebenfalls einen kleinen Teich, den Sauteich, der allerdings auch nicht im genannten Urbar erwähnt wird. Daraus kann man schließen, daß keiner dieser beiden Teiche zu jener Zeit der Herrschaft Liechtenstein gehörte.

Wie HOLZER berichtet, wurde Mitte des 16. Jahrhunderts aus dem steinigen Untergrund ein genügend tiefes Fischteichbett gebrochen und mit dem gewonnenen Steinmaterial ein mächtiger Damm gebaut, der den Ostrand des Teiches bildete und dem Gewässer den Namen gab.

Der Steindammteich mit einer Wasserfläche von über 365 Hektar wurde wegen seines enormen Ausmaßes im Volksmund auch Nimmersatt genannt.

Um 1570 war die Bespannung des Riesenteiches abgeschlossen, aber es begannen Unstimmigkeiten wegen der verlorengegangenen Acker- und Weidegründe zwischen der Herrschaft Feldsberg und der Gemeinde Voitelsbrunn, aber auch der Herrschaft Steinebrunn. Die Bauern bekamen zwar Ersatzgründe und Wiesen im Bereich von Eisgrub und Neudek, doch wurden diese wegen der Entfernung nicht als vollwertiger Ausgleich angesehen.

---

118 Fürstl. Liechtenstein'sches Hausarchiv, HALW, Karton H 1808.

Auch ein beträchtlicher Teil der Herrschaft Steinebrunn wurde vom Teich überflutet, so daß man im Plan vom Jahre 1657 den Steindammteich als »Nikolsburgisch«, »Feldsbergisch« und »Steinebrunnisch« bezeichnete.

In der Folgezeit gab es nun immer wieder Beschwerden der Voitelsbrunner Bauern wegen des zu hoch aufgestauten Wasserspiegels, dieser verursachte Schäden an Häusern und versumpfte die Felder. Die Feldsberger Herrschaft rechtfertigte sich gewöhnlich damit, daß nicht die hohe Wasserbespannung, sondern Naturereignisse verantwortlich seien.[119]

Die Gegensätze eskalierten später derart, daß es sogar von herrschaftlicher Seite zu nächtlichen Gewaltakten gegen die Voitelsbrunner am Steindammteich kam. Dabei wurden gezielt Getreideernten vernichtet.

Unter der energischen und zielstrebigen Leitung des Fürsten wurden schließlich alle fehlenden Arbeiten an der Kirche fertiggestellt, am 28. Juni des Jahres 1671 konnte sie, 40 Jahre nach Baubeginn, zu Peter und Paul von Bischof Jodocus von Passau eingeweiht werden.

In die neue Pfarrkirche wurde auch eine Glocke aus der alten Kirche übernommen. Über diese und eine weitere Glocke aus der Zeit des Bürgermeisters Salomon erfahren wir zu Beginn des 20. Jahrhunderts Genaueres aus dem Monatsblatt des Altertumsvereines:

»Feldsberg: Die Pfarrkirche von Feldsberg besitzt unter den vier Glocken zwei, die für die Glockenkunde unseres Heimatlandes von besonderer Bedeutung sind. Die größere derselben hat eine Höhe von 102 cm und einen Durchmesser von 110 cm und ist ohne jeden ornamentalen und figuralen Schmuck. Sie trägt am oberen Rande in gut lesbaren gotischen Minuskeln die Inschrift:

anno domini * milesomo * CCCC * sexagesi(m)o q(ua)rto *

---

119 Otto Holzer, Liebes Voitelsbrunn, S. 44 ff.

Karl Eusebius

alpha et o · sit principium et finis huius operis ·
o rex glorie veni cum Pace ·
Vhns pus.

Da die Kirche in den Jahren 1631–1671 gebaut wurde, stammt diese Glocke jedenfalls aus der älteren Pfarrkirche, über welche jedoch urkundliche Daten gänzlich fehlen.

Das ›Zügenglöckchen‹, die kleinste der vorhandenen Glocken, besitzt einen Durchmesser von 41 cm und eine Höhe von 34 cm. Am oberen Rande liest man in großer Antiqua die Worte:

DER ZAIT GEWEZEN BAVRGEMAISTER
TOMAS SALOMON.«[120]

Mit großer Wahrscheinlichkeit kann angenommen werden, daß diese zweite geschilderte kleine Glocke, das »Zügenglöckchen«, in Feldsberg gegossen wurde, da hier, wie schon erwähnt, auch im Jahre 1684 im Glockengießerbetrieb des Wenzel Klein eine Glocke für die abgebrannte Kirche von Bernhardsthal hergestellt wurde.[121]

Thoma Salomon haben wir für die Jahre 1681/82 als Bürgermeister belegt.

Dieser ebengenannte Wenzel Klein aus Feldsberg lieferte auch durch Jahrzehnte die zum Steigen und Fallen des Wassers der Wasserspiele erforderlichen Rohre und Pumpen und wird zwischen 1650 und 1680 immer wieder genannt.[122]

Am Hauptplatz, in Feldsberg wurde er Stadtplatz genannt, steht schräg vor der Kirche die Mariensäule. Mathias Gunst, »Burger und Bildthauer in Wienn« hat am 12. Oktober 1680 von Fürst Karl Eusebius den Auftrag erhalten, »sieben Bilder zu sieben Schuch hoch, nemblich Unser Frau Bildt höcher geseczt als die anderen Bilder, so seint die heil. Anna, den heil. Joseph, St. Sebastian, St. Rochus, St. Carolus Borromeus undt St. Fran-

---

120 Monatsblatt des Altertumvereines zu Wien, VII. Band, 1903/05, S. 179.
121 Pfarrchronik Bernhardsthal (Gedenkbuch Tom IV).
122 Thomas Winkelbauer, a. a. O., S. 129.

ciscus Xaverius« anzufertigen. Für jedes Stück wurden ihm 60 Gulden zugebilligt, doch mußte er die Steine aus dem Bruch auf eigene Kosten nach Wien schaffen lassen und sich verpflichten, die Köpfe der Statuen vor der Ausführung in Wachs zu modellieren und die Modelle dem Fürsten in Feldsberg zur Begutachtung zu schicken. Die Säule ist ein Dankesbeweis des Fürsten und der Bevölkerung an Gott für das Erlöschen der Pest, die im Jahre 1679 die Stadt befallen haben soll. (Siehe dazu Friedhöfe, Kap. 2.9.)

Wieso es nun zu einer Änderung des Planes kam, ist nicht bekannt. Tatsache ist, daß bei der endgültigen Errichtung der Pestsäule nur vier Figuren zu Füßen der hl. Maria zur Aufstellung gelangten, wobei jede der Figuren genau in eine Himmelsrichtung weist: St. Sebastian, St. Rochus, St. Ignatius und St. Carl Borromäus.[123]

Es ist durchaus möglich, daß an der Mariensäule, auch Pestsäule genannt, bis in die 90er Jahre gearbeitet wurde, denn da sich in den Rechnungsbüchern des Jahres 1691 keine Ausgaben für das Schloß finden, folgert WILHELM[124], daß der Bau der Franziskanerkirche und der Mariensäule die Ursache sein könnten. Und hier wäre sogar eine Erklärung für folgende Passage WILHELMS, die er für das Jahr 1690 bringt:

»Nicht völlig klar ist auch folgende Eintragung: den 2. Marti nacher Egenburg dem Steinmetzen den Fuhrlohn wegen Anherführung der grossen 8 Steine zum Schnürkeln, 40 fl.«

Wilhelm meint, daß es sich vielleicht um steinerne Voluten oder ähnliches für die Fassade gehandelt habe. Könnte es nicht für die Mariensäule benötigt worden sein, denn ursprünglich waren mit der hl. Maria und 6 Heiligen insgesamt 7 Figuren vorgesehen? Allerdings liegen zwischen dem Auftrag und dem Jahr 1690 doch 10 Jahre.

---

123 Victor Fleischer, a. a. O., S. 75 ff.
124 Gustav Wilhelm, Baugeschichte des Schlosses Feldsberg, S. 15.

3.2. Schloß, Architektur, höfisches Leben

Natürlich hatte sich Karl Eusebius in dieser Zeit auch mit seinem Schloß befaßt. Er hatte sich intensiv mit der Baukunst beschäftigt, wurde sogar von späteren Kunstkritikern als einer der bekanntesten Baudilettanten des frühen Barock bezeichnet. Er verfaßte selbst ein ziemlich umfangreiches »Werk über die Architektur«, in dem er für seine Nachkommen Vorschriften über das Wesen der Baukunst aufstellte. Ein Werk, das 375 handgeschriebene Seiten umfaßt. Es ist nicht bekannt, wann es der Fürst geschrieben hat. Man kann vermuten, daß es erst nach der Fertigstellung der Feldsberger Pfarrkirche entstand, denn diese entspricht nicht den im »Werk über die Architektur« formulierten Ansichten des Fürsten. Anderenfalls wäre man sicher während des Baues irgendwie auf seine Ideen eingegangen. Vielleicht haben auch die schlechten Erfahrungen mit dem Bau den Fürsten angeregt, seine Gedanken zu Papier zu bringen.

Er erwähnt darin übrigens die Pfarrkirche zu Feldsberg überhaupt nicht.[125] FLEISCHER bringt sein Werk in vollem Wortlaut. Ein Abschnitt, der sich auf den Bauzustand des Schlosses Feldsberg bezieht, lautet in gekürzter Form:

> »Zu Feldsberg wiert zu pauen wegen des gueten Luftes und nachet bei Wienn und dem kaiserlichen Hof. Wehre aber zu sehen, ob es auf dem Perg der Reischen sein konnte, wegen sehr schenen Aussehens auf alle vier Seiten ... so es zuwege zu richten, so wehre eine Residenz nicht unangenehm auf gedachter Hech, dan wo jetzt das Schlos stehet, wil es scheinen, das der Blatz zu klein und zu eng. Jedoch auf den Nohtfahl, da es auf gedachter Hech nicht sein konte, mieste man schon bauen, wo jetziges Schloss es stehet, und sich erweitern, wan man im Schloss stehet und auf das Thor schauet, rechte Handt gegen selbiger Vorstadt, auch hin fiersich gegen der neuen Kirchen.«

Und er setzt fort, daß die Räume des Schlosses unzureichend seien, daß es keine ansprechende Architektur habe. Vor allem

---

125 Derselbe, a. a. O., S. 15, 76.

aber sei es in einem sehr schlechten Bauzustand, daß Risse vielerorts in den Mauern zu sehen seien und weiter mit seinen Worten »und wehr das Schlos Feldsberg accomodieren wolle, der miese es schier fellig iber Haufen werfen, dan die Zier in ein alte Mauer zu bringen, ist schier unmiglich indeme sie in solcher verbunden will sein und gleich mit Aufbauung der Mauer gemacht«. Er meinte, die Fundamente der Mauern wären zu schwach. Bei einem eventuellen Neubau sollten die Zimmer der Herrschaft gegen Nikolsburg hin gerichtet sein, »alwohin das Aussehen das schenste« sei.

Nun, es kam nicht zu einem Abbruch des Schlosses, aufgrund sporadischer Nachrichten haben wir von verschiedenen Bauarbeiten Kunde, die der Fürst an dem Gebäude durchführen ließ.

Im Jahre 1654 wurde eine Kapelle, die vor der Schloßauffahrt hinderlich war, abgebrochen. Dazu hatte man schon 1631 angesucht, 1634 kam von Passau die Bewilligung, aber erst zwanzig Jahre später wurde das Vorhaben durchgeführt.

Im Februar 1654 meldete Ladislaus Hörner, ehemals Pfleger in Feldsberg dem Fürsten, beim Abbruch der Schloßkapelle seien die darin beigesetzten Gebeine auf den Friedhof transferiert worden. Giovanni Tencala sollte dafür ein Kreuz oder Oratorium auf dem Eisgruber Weg errichten. Das Kreuz wurde errichtet und Tencala mit 200 Gulden honoriert. Die Grabsteine lagen weitere drei Jahre bei der alten Kapelle. Im September 1657 berichtete der Pfleger, die Steine seien sehr schwer, sie könnten nicht ohne Schaden durch die enge Tür und über die Stufen getragen werden, weshalb es besser wäre, sie in der neuen Kirche zu ebener Erde oder auf dem Friedhof unterzubringen.[126] Leider erfahren wir auch daraus nicht die genaue Lage des Friedhofes.

---

126 Victor Fleischer, Fürst Karl Eusebius von Liechtenstein als Baumeister und Kunstsammler, S. 22.

In diesen Jahren wurden übrigens die über Jahrhunderte prachtvollen Eisgruber (1654) und Rampersdorfer Alleen (1656) angelegt. Beide wurden zu Beginn des 19. Jahrhunderts mit den z. T. heute noch stehenden Bäumen bepflanzt. Sie wurden – zumindest die nach Eisgrub führende – im 20. Jahrhunderts als Naturdenkmal eingestuft.[127] Nach einem Kontrakt, der am 17. Oktober 1639 mit dem fürstlichen Maler Johann Bapt. Gidoni abgeschlossen worden war, sollte dieser ein Deckengemälde im großen Saal im Schloß malen. Aus diesem Vertrag geht hervor, daß der Saal beträchtliche Ausmaße gehabt haben muß, da er an seiner Frontseite sechs Fenster hatte. Nach späteren Schätzungen könnte er eine Länge von etwa 23 Metern und eine Breite von 7–8 Metern gehabt haben.

Der Fürst wurde mit dem Maler darüber einig, »dass er den grossen Saal im Schloß Feldtsperg vermög des ihme gegebenen Abriss mallen solle«. Darunter finden wir die Aufschlüsselung der Arbeit im ganzen Raum, in der uns zwei Bilder auffallen:

»Vor dass gefertigte stuck Bild, wo die heil. drei Königen darauf
gemahlen .... 700 Fl.
Vor das gefertigte Stuck Bild, wo die Beschneidung Christi
gemahlen ist .... 700 Fl.«

Es wäre nun naheliegend, daß diese beiden Bilder schließlich in die neue Pfarrkirche zu den entsprechenden Altären kamen.[128] Womit ANDERKAS Ansicht über die Herkunft dieser beiden Bilder widerlegt scheint und damit wohl auch seine Meinung über den Maler der »Heiligen Dreifaltigkeit« über dem Hauptaltarbild. Man muß zu ANDERKA aber ein Wort sagen: Er hat sein »Unsere Heimat Feldsberg« vor dem Jahre 1956, aber

---

127 Stadtarchiv Feldsberg, Gedenkbuch; 1877–1944, S. 124.
128 Viktor Fleischer, a. a. O., S. 30.

schon nach der Vertreibung aus der Heimat geschrieben, aus einer tiefen Liebe zu Feldsberg heraus, unter größten Schwierigkeiten und nur mit sehr spärlichem Quellenmaterial.

Etwa um 1643 ließ der Fürst von den Brüdern Andreas und Hans Erna aus Brünn – einen der beiden kennen wir vom Bau der Pfarrkirche – einen Reitstall bauen. Es ist dies jener »alte Stall«, der sich im westlichen, den Ehrenhof begrenzenden Flügel noch heute befindet. Für dieses Reitstallgebäude wurden ihnen zu Michaeli 1643 zunächst 615 Gulden, im folgenden Jahr 1173 Gulden bezahlt. Den Rest der abgemachten Summe von 7500 Gulden erhielt Andreas bei der Abrechnung für den Kirchenbau am 10. November 1660.[129] Der Stuccatore Tencala hat an der Ausschmückung des Reitstalles mitgearbeitet.

Fürst Karl Eusebius hat seine Vorstellungen über das Bauen in seinem »Werk über die Architektur« minuziös festgelegt. Ebenso beschreibt er, die geplante Reitschule »soll ein eingedecktes Reithaus oder Rummplatz sein, im Winter und im Regenwetter dennoch reiten zu können ... in der Weiten soll es in die 6 oder 7 Klafter haben, damit man die jungen Roß im Ring traben konne ...«[130]

Die Schloßkapelle, die schon 1377 erwähnt wird, war nach den Zeiten der Reformation und Gegenreformation noch nicht neuerlich in Betrieb genommen worden, so daß Fürst Karl Eusebius sich erkundigte, ob man darin Messe lesen dürfe.

Schon seit Beginn seiner Regierung sammelte Karl Eusebius Kunstraritäten, wie es bereits sein Vater getan hatte. Bei Victor FLEISCHER finden wir die in den Rechnungsbüchern festgehaltenen Erwerbungen mit Datum und Preis des Ankaufes. Der Fürst kaufte vorwiegend in Wien, bei Malern, die sich damals besonders mit dem Bilderhandel befaßten, aber auch in Italien erstand er Bilder, wie aus einer mit 28. Juni 1642 datierten Rechnung der

---

129 Derselbe, ebendort, S. 29.
130 Derselbe, a. a. O., S. 140 ff.

Karl Eusebius   111

Kaufleute Giulini hervorgeht. Aus einer Zahlung an Dionisio Miseron in Prag ersehen wir, daß er auch dort einkaufte.

Einen großen Teil seiner Gemäldesammlung hatte der Fürst sicherlich auf seine verschiedenen Schlösser verteilt. Es gibt leider kein beschreibendes Inventar dieser Bilder, doch hat sich ein Verzeichnis, eine »Specification« der Gemälde, im Feldsberger Schloß gefunden. Allerdings ersehen wir die Verteilung in den einzelnen Räumen nur der Zahl nach, ohne Beschreibung der einzelnen Bilder.

Dieses Verzeichnis ist nicht datiert, es wurde erst nach dem Tode des Fürsten (1684) aufgeschrieben und ist nach den Angaben des Zimmerwärtes Troyer zusammengestellt.

Karl Eusebius hat im Schloß seine »Quardaroba« eigens zur Aufbewahrung der Gemälde bauen lassen, die Quardaroba-Inventare enthalten jedoch weniger Gemälde als vielmehr verschiedene Kunstwerke wie Plastiken, Schnitzereien, Kruzifixe, Elfenbeinarbeiten, Tapisserien, Bücher etc. Eine recht genaue Auflistung bringt FLEISCHER, in der wir auch die Namen einiger Verwalter der Kunstwerke kennenlernen:

1630 war Johann Wilhelm Duchenwald mit diesem Amt betraut, 1637 folgte Johann Reichard, am 14. Oktober 1658 Martin Engelmayer, am 9. Mai 1678 Ferdinand Romani.[131] FLEISCHER bringt im Anhang III »Auszüge aus dem Quardaroba-Inventar zur Zeit des fürstlichen Quardarobs Ferdinand Romani«[132].

Über die Gemälde gibt also das vorher erwähnte Verzeichnis des Zimmerwärters Troyer nur bedingt Auskunft:

»Specification: Wass für Gemählde bei Zeithen Fürst Eusebii in dem fürstl. Schloß des gewesten alten Zimmerwarthers Troyer Aussag nach bishero befinden und von gedachten Ziemerwarther/: so in die 40 Jahr allhier in Diensten gestanden, /erkhönnet, welche sowohl ober denen Thüren, an der Wandt, groß oder klein, bemerket worden; ob aber sol-

---
131 Viktor Fleischer, a. a. O., S. 69.
132 Fürstlich Liechtenstein'sches Archiv, Handschrift Nr. 163.

che von Fürst Carl Eusebio erkaufft oder ererbt, ist ihme Ziemerwartter ungewissent, glaubt doch dass diese von Fürst Carl herrühren müssen.«

Es werden nun die einzelnen Zimmer im Erdgeschoß und im »oberen Stockh« mit der jeweiligen Anzahl der Bilder aufgezählt, wie gesagt leider ohne jede Beschreibung :

»In Ihro Dchlt, des Hertzog Ziemer	4 St.
In dem Anlegziemer	4 St.
In Cabinet	2 St.
In Schlaffziemer	1 St.
In folgenden Ziemer	2 St.
In Boltaginziemer	1 St.
In Voraüssel bei der Schnäcken	3 St.
In Fürst. seel. Ziemer	1 St.
In den zwei Fürstl. Cabinetteln	8 St.
In der Taffelstuben	2 St.
In Credenzziemer	2 St.
In der grossen Antecamer	5 St.
In Vorhauss beim Frauenziemer	3 St.
In Frauenziemer	2 St.
In kleinen Ziemer	1 St.
In ersten Castelziemer	34 St.
In anderten	29 St.
in dritten daselbsten	15 St.
	Latus 119 St.
In obern Stockh.	
In kleinen Saal von denen Fürstl. Famili	37 St.
In ersten Ziemer	6 St.
In gelben Ziemer	2 St.
Ober Fürst. Schlaffcamer	9 St.
In Ziemer darneben	3 St.
In der Princessin Ziemer	2 St.
In Vorheussel beim Schnäcken	4 St.
In der Princessin Dominica Ziemer	5 St.
In der Freule von Kriechbaumb Ziemer	1 St.
In der Princess-Frauen Ziemer	8 St.
In Ihro Fürstl. Gdn. Graff zoberin Ziemer	5 St.
in dem Vorziemer	6 St.

Karl Eusebius 113

In des Pater Daniels Ziemer	4 St.
In des Prinzen seel. Ziemer	2 St.
In dem Vorziemer	3 St.
In Ziemer ober der Apotheken	2 St.
Latus	99 St.«

Interessant ist in diesem Zusammenhang ein Vermerk in der Pfarrchronik in Feldsberg dieses Wortlauts:»Anno 643 sind die Czernohorskischen Bilder von Butschowitz in das hiesige Schloß überführt worden, in allem 136.«[133]

1654 begann man die »Quardaroba«, des Fürsten Kunstkammer also, einzuwölben, um die dort gelagerten Kunstwerke und Bilder zu schützen.

Die hier angeführten Arbeiten gingen verhältnismäßig langsam vor sich. Wahrscheinlich verschlang der prunkvolle Neubau der Pfarrkirche derart viel Geld, daß für durchgreifende Arbeiten am Schloß nicht genügend blieb.

Als aber der Bau der Kirche abgeschlossen und der jahrzehntelange Streit mit dem Fiskus beendet war, konnte sich Karl Eusebius tatsächlich intensiv mit seinen Bilderkäufen beschäftigen.

Aus seiner Zeit kennen wir zwei Darstellungen des Schlosses. Einmal in der Topographie von Niederösterreich von G. Matthäus VISCHER aus dem Jahre 1672, dann ein weniger bekanntes Bild von Schloß Feldsberg. Eine Nachzeichnung dieses Gemäldes trägt die Aufschrift Clemens Beudtler Inventor 1672. Da aber hier ganz sicher ein früherer Zustand von Schloß Feldsberg gezeigt wird, dürfte es sich bei der Datierung um einen Irrtum handeln. Der Unterschied zwischen beiden Darstellungen könnte doch für einen Ausbau durch Karl Eusebius sprechen.[134]

---

133 Pfarrchronik Feldsberg, S. 82.
134 Gustav Wilhelm, Baugeschichte des Schlosses Feldsberg, S. 10 ff.

Infolge der militärischen Erfolge Prinz Eugens war die Türkengefahr schließlich gebannt worden, es entstand ein Gefühl der Erleichterung, der Lebensfreude, auch in Feldsberg, obwohl die Stadt durch den Fürsten ohnehin ein wenig geschützt gewesen war. Trotzdem hatte Feldsberg auch nach dem Dreißigjährigen Krieg immer wieder unter Einquartierungen und Schanzarbeiten zu leiden, wie wir ja schon zeigen konnten. Diese Lebensfreude äußerte sich beim Adel und bei der Geistlichkeit, aber auch beim begüterten Bürgertum in einem Erblühen der Bautätigkeit. Vor allem der Übergang vom Ende des 17. zum 18. Jahrhundert war eine Hochblüte in den österreichischen Ländern. Allerdings war in Feldsberg diese Hochblüte schon lange vorher, unter Karl Eusebius, mit voller Kraft eingetreten. Dies übrigens in seinem gesamten Herrschaftsbereich.

Wir haben schon seine Umbauten am Schloß und sein enormes Interesse an der Baukunst erwähnt, doch gibt es noch zahlreiche andere Gebiete, auf denen er sich einen Nachruf bis in die heutige Zeit erworben hat.

Hier sollte wohl an erster Stelle seine Leidenschaft für die Jagd und das Forstwesen erwähnt werden. Der Fürst hatte von seinen Reisen in der Jugendzeit, vor allem vom Pariser Hof, zahlreiche Eindrücke einer verfeinerten Lebenskultur nach Hause mitgenommen. Er zog den Aufenthalt in Feldsberg dem Leben am Wiener Hof vor und bemühte sich daher, Feldsberg zu einem Mittelpunkt und Sammelpunkt für seine adeligen Freunde zu machen. Natürlich kann nicht verschwiegen werden, daß er auch den Glanz seiner Stellung als Fürst, seines Reichtums und der Gepflegtheit seiner Besitzungen vorzeigen wollte. Kurz gesagt, er wollte dem Landstädtchen Feldsberg den Reiz und das Ansehen einer fürstlichen Residenz geben.

Er hatte sich eine eigene Leibgarde von fünfzig Reitern geschaffen, deren Pferde und Uniformen reich ausgestattet waren. Am Hof befanden sich Edelknaben aus adeligen Häusern, für die ein eigener Hofmeister bezahlt wurde und die in allen für ihren Stand nötigen Dingen unterrichtet wurden. Es gab damals für junge Leute, die ein schlechtes Benehmen zeigten, die stehende Redewendung, die Betreffenden »wären wohl auch nicht in Feldsberg erzogen worden«.

Der Fürst hatte, wie angedeutet, eine weitbekannte Vorliebe für Pferde und für die Jagd, seine Zucht edelster Rosse war weithin berühmt.

Schon Karl I. hatte die Grundlage für das später über die Grenzen des Reiches hinaus bekannte Liechtensteinsche Gestüt geschaffen. Der Höhepunkt der fürstlichen Pferdehaltung fiel jedoch in die Regierungszeit von Karl Eusebius. Dieser hatte sich auf diesem seinem Lieblingsgebiete ein umfassendes Wissen angeeignet, höchstens noch übertroffen von der Architektur.

Unter ihm wurde das Gestüt in Feldsberg zum Inbegriff edler Pferde, seine Leidenschaft für diese geht auch aus der »Instructio« hervor, die er seinem Sohn Johann Adam Andreas (Hans Adam) schickte, in der neben vielen Dingen auch die Pferdezucht angesprochen ist:

> »Den Winter soll er in Troppau, Jägerndorf etc. verbringen, Mitte Februar aber, vor Beginn der Beschälzeit, soll er sich nach Feldsberg, wo sich das Hauptgestüt befindet begeben, von Johannis bis Mitte Juli seinen jährlichen Wienaufenthalt absolvieren, schließlich wieder nach Feldsberg oder zu einer der mährischen, schlesischen oder böhmischen Herrschaften aufbrechen.«[135]

Karl Eusebius legte seinen ganzen Ehrgeiz darein, besonders edle Pferderassen zu züchten, von Fürsten und Königen, sogar vom Kaiserhaus wurde des öfteren der Wunsch an ihn herangetragen, für spezielle feierliche Anlässe Pferde zur Verfügung zu stellen.

Solche Pferde erhielten die Könige von Frankreich, England und Dänemark. Als Ludwig XIV. im Jahre 1661 heiratete und

---

135 Thomas Winkelbauer, a. a. O., S. 110.

mit seiner spanischen Gemahlin prunkvollen Einzug in Paris hielt, wurde der Pferdezug als der schönste bezeichnet, den Karl Eusebius den frisch Vermählten verehrt hatte. Er hatte das Privileg, den Leibwagen der Königin zu ziehen.[136]

Auch unter dem nächsten Fürsten, seinem Sohn Johann Adam Andreas, stand das Gestüt noch in höchstem Ansehen, ja es behielt seinen Ruf bis weit in das 18. Jahrhundert.

Es ist uns nicht überliefert, wo überall Teile dieses Gestütes stationiert waren, doch aus der erwähnten Instruktion des Fürsten an seinen Sohn ist zu schließen, daß ein wesentlicher Teil in Feldsberg untergebracht war. Lediglich von Eisgrub und Hohenau haben wir sichere Nachricht, daß auch dort Pferdezucht betrieben wurde, wenn wir von dem Prachtgestüt des Grafen Kaunitz in Austerlitz absehen, das Karl Eusebius 1656 um viel Geld erwarb.

Es war nun naheliegend, daß den Fürsten die Parforcejagden, die Hetzjagden zu Pferde, besonders interessierten. Zu diesen Jagden, vor allem am St.-Hubertus-Tag, kamen Gäste und Zuschauer aus nah und fern. Sie wurden im abgesperrten Theimwald durchgeführt, wenn das Wild flüchten konnte, wurde es bis in das Revier von Eisgrub und Lundenburg verfolgt.

Karl Eusebius hatte seine Jäger in der Manier Ludwigs XIV., in reichverzierten Uniformen und Hüten mit wallenden Federn, gekleidet. Für die Jagdsignale und Fanfaren bestand ein eigenes Corps berittener Waldhornbläser.

Der Theimwald hat sein heutiges Aussehen zu einem beträchtlichen Teil Fürst Karl Eusebius zu verdanken. Es gab damals praktisch nur Laubholz in den Wäldern der Umgebung, so daß der Fürst die für die damalige Zeit revolutionäre Idee hatte, aus seinen nordmährischen Besitzungen wie Eisenberg und Hohenstadt Nadelbäume nach Feldsberg bringen zu las-

---

136 Jacob von Falke, a. a. O., S. II/314.

sen. Es wurden dort Fichten und Tannen mit den Wurzeln ausgegraben und nach Feldsberg in den Theimwald gebracht. Dies führte man über etliche Jahre durch, wobei jeder Transport mit mehreren hundert Bäumen die große Reise machte. Eigene, auf diesem Gebiet besonders erfahrene Gärtner und Forstmänner sorgten dafür, daß die wertvolle Fracht gut ans Ziel kam.

In einem Schreiben an seinen Pfleger in Hohenstadt, das der Fürst am 15. Dezember 1662 an diesen richtete, sprach er die Hoffnung aus, daß die Fichten und Tannen »eine schöne Sach hiesigen Landes, allwo es keine gibt, sein werde«.[137]

Seit 1641 besaß Fürst Karl Eusebius in Mähren neun Herrschaften: Mähr. Aussee, Mähr. Trübau, Hohenstadt, Goldenstein, Eisenberg, Plumenau, Czernahora, Lundenburg und Eisgrub. Dazu kamen fünf Herrschaften in Böhmen: Landskron, Schwarzkosteletz, Skworetz, Aurinowes und Rostok und dazu natürlich die schlesischen Herzogtümer Troppau und Jägerndorf.[138]

Es liegt im Wesen der damaligen Zeit, daß seine strahlende Hofhaltung auch Abenteurer und Scharlatane anzog, und der Fürst war solchen Schwindlern gegenüber nicht unempfindlich. Einer der bekanntesten war ein Baron Schellenberg, wahrscheinlich nach einer Besitzung des Fürsten so genannt, meint BECKER. Dieser Vermutung steht allerdings die Tatsache entgegen, nach der die reichsunmittelbare Herrschaft Schellenberg im schwäbischen Landkreis erst am 18. Jänner 1699 von Johann Adam Andreas erworben wurde.[139] Wir finden den Namen Schellenberg bei FALKE mit Bezug auf Troppau: 1493 wurde das Lehen Troppau von König Wladislaw seinem ober-

---

137 M. A. Becker, Feldsberg in Niederösterreich, S. 70.
138 Thomas Winkelbauer, a. a. O., S. 91.
139 Volker Press,Dietmar Willoweit,Liechtenstein-Fürstliches Haus und staatliche Ordnung, S. 199.

sten Kanzler Freiherrn von Schellenberg gegeben, der es 1529 an den Markgrafen Georg von Brandenburg verkaufte.[140] Dieser Baron Schellenberg redete dem Fürsten ein, Gold aus unedlen Metallen herstellen zu können, er wollte weiters aus Feldsberg eine Festung machen. Karl Eusebius war diesem Manne irgendwie verfallen, vielleicht erhoffte er sich von ihm Rettung in seinen finanziellen Schwierigkeiten. Baron Schellenberg konnte erst nach dem Tode des Fürsten von seinem Nachfolger Hans Adam gekündigt werden, wobei für die Entlassung noch eine beträchtliche Summe Geldes bezahlt werden mußte.[141]

Über einen anderen Alchimisten erhalten wir zufällig Nachricht. Von Karl Eusebius wissen wir, daß er von allem Anfang an sehr intensiv die Rekatholisierung seiner Untertanen betrieb. Bei dieser Einstellung blieb er auch späterhin. Wir finden bei WIEDEMANN einen interessanten Bericht:

Noch im Jahre 1675 wurden in den einzelnen Dekanaten des Bistums Passau im »Ertz=Hertzogthumb Oesterreich unter der Enns harte unbeugsame Lutheraner« mit Namen festgehalten. Wir finden bei Feldsberg:

>»Johann Kling, Alchimist beim fürstlichen Hofe; Heinrich Kessler, ein Schuknecht; Friedrich Wolf, ein Riemergeselle; Johann Röricht, ein Fleischhackerknecht, Barbara Hausslaub, des Träxlers Weib. Abraham Habel, ein abgedankter Soldat, bei Hieronymus Strobel in der Herberg und dessen Tochter Katharina, beide in Neu=Ruppersdorf« (wohl aus Neu-Ruppersdorf).[142]

1665 hatte Kaiser Leopold I. den seit Jahrzehnten laufenden Prozeß wiederaufgenommen, in dem Fürst Karl I. beschuldigt wurde, als Statthalter von Böhmen und Mitglied des Prager

---

140 Jacob von Falke, a. a. O., S. II/234.
141 M. A. Becker, a. a. O., S. 68 ff.
142 Theodor Wiedemann, Geschichte der Reform und Gegenreform im Lande unter der Enns, S. V/145.

Münzkonsortiums durch die Prägung von minderwertigem Geld Kaiser Ferdinand II. schwer geschädigt zu haben. Bereits im Jahre 1655 wurde die Herrschaft Kosteletz dem Hause Liechtenstein entzogen, zum Eigentum des Fiskus erklärt und versteigert. Allerdings machte Fürst Karl Eusebius selbst das höchste Angebot. Es kam zu einem Vergleich mit Kaiser Ferdinand III., worin die böhmische Kammer einem Befehl des Kaisers vom 10. November 1655 nachkam. Er lautete:

> »Wir Ferdinand etc., wir fügen euch gnädigst zu wissen, wie daß wir die von unserem königlichen Landrechte unserem Fisco zugesprochene und darauf eingeantwortete Herrschaft Kosteletz dem Fürsten Karl Eusebio von Liechtenstein gegen accordirte 400.000 Gulden völlig pleno jure zu einem wahren erblichen Eigenthum und Besitz für Sie, Ihre Erben und Erbnehmer gnädigst überlassen. Wir befehlen euch daher gnädigst, seinem Bevollmächtigten diese Herrschaft sammt allen Nutzungen und allen sonstigen Zugehörungen zu übergeben.«

Karl Eusebius erlegte diese Summe, und zwar am ersten Termine mit einem Betrag von 200.000 Gulden, weiters zahlte er in Raten von 50.000 Gulden bis zum 4. Februar 1658. Überdies mußte der Fürst noch 20.000 Metzen Korn liefern.[143]

Damit war aber das Problem noch immer nicht aus der Welt, denn Kaiser Leopold, der Nachfolger Ferdinands, griff die Sache neuerlich auf. Nun wurden dem Fürsten Karl Eusebius nicht nur die gesamten böhmischen Güter und auch die Herzogtümer Troppau und Jägerndorf streitig gemacht, sondern es wurden auch Unsummen gefordert, die angeblich Karl von Liechtenstein als Statthalter in Böhmen aus der Münze Kuttenberg und dem königlichen Renthaus bezogen hatte, sowie Anleihen, die bei dem Prager Juden Jakob Basevy gemacht worden sein sollen. Fürst Karl Eusebius hätte insgesamt 31 Millionen bezahlen sollen. Er konnte ohne Schwierigkeiten Belege für 26 Millionen unrechtmäßige Forderungen erbringen und

---

143 Jacob von Falke, a. a. O., S. II/310.

schlug einen Vergleich vor, in dem er neben bereits bezahlten 1,079.000 rheinischen Gulden nochmals 275.000 Gulden als Kriegsbeitrag einzubringen anbot. Kaiser Leopold nahm dieses Angebot an und erteilte am 15. Mai 1665 seine Freisprechung von allen Schulden. In diesem Absolutorium heißt es:

»Wann Wir nun betrachtet Sr. Liebden und vornämlich Dero Vaters in der gefährlichsten Rebellionszeit erwiesenen beständige Treue und ob angeregten vielfältigen ersprießlichen Dienste, aus daß die Mehrsten und größten Posten zu Genügen verantwortet und erläutert worden. Als haben Wir die offerirte 275.000 Gulden in Kaiserl. und Königl. Gnaden acceptirt und in das Generalabsolutorium eingewilliget: Thun solches auch hiermit nach vorgegangener reifer Berathschlagung und vollständiger genugsamer habenden Information wissentlich und wohlbedächtig und ex plenitudine Potestatis also, daß Sr. Liebden nicht allein von allen an Sie gestellten fiscalischen Prätensionen allerdings frei und ledig gesprochen sei, sondern auch Sie den Erben und Nachkommen wegen Dero Vater geführten Administration im Königreiche Böheim in und nach der Rebellion durch Kauf, Geschenk oder anderen Wege überkommene Fürstenthümer und Güter, in was Landen sie seien, von dem Fisco unter keinerlei Prätext, wie sie immer Namen haben, oder erdacht oder erfunden werden mögen, weder personaliter noch realiter aller unserer Erbkönigreiche und Landen von dem Fisco jetzt und hinführo besprochen, oder das Geringste weiter an Sie, Ihre Erben und Nachkommen prätendirt und gesucht werden solle, also daß wider diese Transaction und General=Absolutorium einige exceptio oder beneficiorum juris zu ewigen Zeiten weiter nicht statt finden solle.«

Weitere Details findet man bei Falke.[144] Dieses Geld, das Karl Eusebius also zu zahlen hatte, mußte aber von Graf Schwarzenberg und Graf Windisch-Grätz vorgestreckt werden.[145] Auch sein Vetter Hartmann von der Wilfersdorfer Linie, ein ausgezeichneter Wirtschafter, half wiederholt aus.

Wir können daraus vielleicht doch erahnen, wieso der Bau der Feldsberger Pfarrkirche so lange dauerte.

---
144 Jacob von Falke, a. a. O., S. II/311.
145 Hannes Stekl in „Der ganzen Welt ein Lob und Spiegel" von Evelin Oberhammer, S. 73 ff.

Karl Eusebius

3.3. Betriebswirtschaft, wirtschaftliche Probleme

Im Mai 1666, nachdem der langwierige Prozeß gegen den Fiskus beendet war, richtete Karl Eusebius in Feldsberg ein »Wirtschaftskollegium« ein. Die zunächst vier »Wirtschaftsräte«, die in einer eigenen Ratstube in der Buchhalterei amtierten, hatten die Wirtschaftsberichte, Wochen- und Monatszettel, welche die Pfleger der einzelnen Herrschaften an die fürstliche Kanzlei einschicken mußten, zu überprüfen. Aus einer Instruktion des Fürsten von Schloß Feldsberg vom 15. Mai 1666 kennen wir die Namen der vier Männer: Martin Ladislaus Hörner von Hornegg, Martin Khalser, Johann Heinrich Antz (Untz) von Lay und Jacob Cappaun von Berg.

Bereits 1667 sank die Zahl der Wirtschaftsräte auf drei, 1672 bestand das Wirtschaftskollegium nur noch aus zwei Wirtschaftsräten, denen Karl Eusebius keineswegs völlig freie Hand bei der Bekämpfung von Mißständen unter den Herrschaftsbeamten ließ.[146]

Wir kennen aus dieser Zeit übrigens einen sehr interessanten Voranschlag des Hofstaates auf Feldsberg für den Zeitraum vom September 1671 bis September 1672, der von folgenden Bedarfsmengen ausgeht:

996	Zentner Rindfleisch	200	Indian
208	Kälber	200	Enten
728	Schöpsen	300	Kapaune
200	junge Lämmer	350	alte Hühner
150	frische Spanferkel	1300	junge Hühner
1200	Pfund Speck	270	Paar junge Tauben
200	alte und junge Gänse	206	Schock frische und geräucherte Fische

Dazu kamen noch große Mengen pflanzlicher Nahrungsmittel und Getreide.[147]

---

146 Thomas Winkelbauer, a. a. O., S. 91 ff.
147 Hannes Stekl, a. a. O., S. 67.

Wenn man sich derartige Verbrauchsmengen vorstellt, kann man dafür Verständnis haben, daß auch ein regierender Fürst Kontrollen im Wirtschaftsbereich fordert.

Im 17. Jahrhundert war es innerhalb des begüterten Adels zu Umschichtungen in der finanziellen Gebarung und der ökonomischen Situation der Familien gekommen. Verschiedene Faktoren spielten da hinein, vor allem natürlich gewisse politische Umstände und Laufbahnen. Aber auch familiäre Veränderungen konnten zu unterschiedlichen Extremen führen. Einerseits können Heiraten sehr große Reichtümer vereinen, sie können aber auch bei mehreren Töchtern einen spürbaren finanziellen und wirtschaftlichen Aderlaß bedeuten.

Auch die Anzahl der Kinder spielt eine Rolle, denn diese wollen und sollen ja standesgemäß erzogen und ausgestattet werden. Andererseits muß gesagt werden, daß damals bei der hohen Kindersterblichkeit eine gewisse Mindestzahl von Kindern notwendig war, um das Aussterben der Familie zu verhindern.

Bei der Betrachtung der wirtschaftlichen Lage muß auch in manchen Fällen ein gewisses Prestigedenken einkalkuliert werden, wir brauchen ja nur den Aufwand zu beachten, mit dem Karl Eusebius in Feldsberg seinen Hofstaat aufzog.

Bei den ökonomischen Einflüssen darf die Tatsache nicht vergessen werden, daß die Untertanen infolge der Ausbeutung während des langen Krieges in der ersten Hälfte des 17. Jahrhunderts verarmt und dezimiert waren. Es gab für die Herrschaften geringere Absatzmöglichkeiten für ihre Erzeugnisse, für die Reparaturen an den vom Krieg beschädigten Wirtschaftsgebäuden wurde dringend Geld benötigt.

Der Bevölkerungsschwund hatte natürlich verschiedene Ursachen. Es war nicht nur der Krieg allein, auch Seuchen und die Abwanderung vieler Protestanten hatten dazu geführt.

Die Herrschaften übernahmen die frei werdenden verpachteten Felder und Wiesen wieder in Eigenregie und schufen neue herrschaftliche Meierhöfe. Die Robotleistungen wurden, wie wir bei Johann Adam Andreas sehen, erhöht, wohl weniger in Niederösterreich, jedoch in Böhmen und Mähren. Aber auch hier begann langsam ein Umdenken.

1680 meinte Karl Eusebius, jeder Untertan besitze alles, was er hat, nur »durch seine grundobrigkeit und besonders wegen der roboth und der arbeit der herrschaft ist es ja billich, daß aus dankbarkeit seiner habenden nährung mit allen den seinigen und schutz, so er von der obrigkeit hat und haben solle, auch darvor der obrigkeit durch die roboth arbeite«. Die Abwanderung der Untertanenkinder solle verhindert werden, »zu keinen handtwerckh noch zu schreiberey und studiren soll nie kein bauernkind zugelassen werden, dann solche nur zur feldarbeit gebohren und gezeuget seyn«.[148]

Nun hatte sich allerdings bis dahin die Wirtschaftsethik bei einem Großteil des Adels, in unserem Falle im Hause Liechtenstein, doch noch in traditionellen Formen gezeigt. Es wurde das Prinzip des gerechten Gewinnes vertreten, der dem Grundherrn den zu einem herrschaftlichen Leben nötigen Unterhalt erbringen sollte. Übermäßige, den Landesbrauch übersteigende Gewinnsucht wurde abgelehnt. Es war im Gegenteil standesgemäße Sitte, übermäßige Gewinne für wohltätige, der christlichen Gesinnung entsprechende Zwecke zu verwenden.[149]

Wir ersehen aus der Pfarrchronik von Feldsberg zahlreiche Beispiele dieser Art, die entweder vom Fürsten gänzlich oder wenigstens zum großen Teil finanziert wurden, wobei hier gar nicht die Bauten in Feldsberg selbst erwähnt werden sollen, denn diese wurden gesondert besprochen. In erster Linie ist hier natürlich an die herrliche Pfarrkirche zu denken, es gibt aber auch noch zahlreiche andere Beispiele aus der unmittelbaren Umgebung der Stadt, die allerdings bei der Besprechung

---

148 Thomas Winkelbauer, a. a. O., S. 106.
149 Hannes Stekl, a. a. O., S. 64 ff.

der Pfarrchronik teilweise bereits genannt wurden. Zum besseren Verständnis sollen einige wiederholt werden:

1639 Kirche zu Schrattenberg erbaut
1641 Kirche zu Unter-Themenau erbaut
1645 Kirche zu Katzelsdorf erbaut
1649 Glocke für die Kirche von Unter-Themenau
1650 der Gemeinde Reinthal eine Glocke gespendet
1651 Kirche zu Katzelsdorf mit Ziegeln gedeckt.

Derartige zusätzliche finanzielle Leistungen lassen sich natürlich nur mit großen Anstrengungen erbringen und nach reiflichen wirtschaftlichen Überlegungen. Dazu kommt noch, daß Karl Eusebius im Jahre 1638 das Gut Lundenburg gekauft hatte. Er erwarb es um 250.000 Gulden von Jacob Khuen von Belasi, Graf von Liechtenberg. STEKL schreibt dazu wörtlich:

»Eine wichtige Vermittlerrolle dürfte dabei der Wiener Jude Markus Leb gespielt haben, der für seine diesbezügliche Bemühung eine Verehrung von 1500 Gulden (das eineinhalbfache Jahresgehalt des fürstlichen Hofmarschalls, des Spitzenverdieners im Hofstaat) erhielt.«[150]

Der Kaufbetrag wurde in mehreren Raten bis 1643 bezahlt. Erst ab dem Jahre 1665 trat, durch verschiedene Wirtschaftsreformen im ganzen Lande und bei Karl Eusebius selbst, eine finanzielle Aufwärtsentwicklung ein.

Der Fürst war verschiedentlich gezwungen, Fremdkapital aufzunehmen. Er hatte z. B. Geschäftsbeziehungen – unter anderen – zu dem Bank- und Geschäftshaus Giulini in Wien, dessen Namen wir auch bei seinen Kunst- und Bilderkäufen finden. Ebenso dürfte eine Italienreise in den Jahren 1635 bis 1637 von diesem Hause mitfinanziert bzw. kreditiert worden sein. Dieses Bankhaus kennen wir ja bereits aus der Zeit Karls I.

---

150 Derselbe, a. a. O., S. 68.

Natürlich erforderte der aufwendige und repräsentative Lebensstil des Fürsten immer wieder Geld. Von den Schwierigkeiten mit dem Fiskus ist bereits gesprochen worden. Karl Eusebius wurde von der Vergangenheit seines Vaters immer wieder eingeholt. In einem seiner Schuldscheine, der sich später als gefälscht herausstellte, wurde Fürst Karl I. bezichtigt, sich mit konfiszierten Gegenständen unrechtmäßig bereichert zu haben. Er befand sich weiterhin andauernd in einer schwierigen finanziellen Situation. Nach Abschluß und Beilegung des Streites mit dem Fiskus, der auf seinen Vater zurückreichte und der Karl Eusebius sehr viel Geld gekostet hatte, finden wir immer wieder seinen Vetter Hartmann, den wir schon als hervorragenden Wirtschafter kennen, als Helfer in der Not. Er war zwar ein sehr vorsichtiger Verhandlungspartner, er überprüfte z. B. genau die Streichung der kaiserlichen Forderungen an Karl Eusebius, half aber sowohl jetzt als auch in der Zukunft.

Am 1. August 1665 gewährte er dem Vetter ein Darlehen von 450.000 Gulden, verzinst mit 6%, rückzahlbar ab 1669 in 9 Jahresraten zu 50.000 Gulden.[151]

Fürst Hartmann erwarb viel Geld auf dem damals noch wenig entwickelten Anlagemarkt, auf dem er Kapital zu placieren trachtete, was sich regelmäßig als gewinnbringend erwies. Trotzdem hatte er noch weiteres, gewissermaßen unproduktives Vermögen.

Im Jahre 1686 belief sich sein Verlassenschaftsvermögen auf 2.093.537 Gulden, etwa ein Fünftel davon, 400.869 Gulden, war Bargeld, das in Wien, Wilfersdorf und Ebergassing in mehreren Gewölben, Kassen, Truhen und Fässern verwahrt war.[152] Er konnte also nie in Zahlungsschwierigkeiten kommen, wenn ein größerer Betrag fällig war.

---

151 Derselbe, a. a. O., S. 74.
152 Derselbe, a. a. O., S. 75.

Bei Karl Eusebius war das umgekehrt. Er besaß ein enormes Vermögen, das durch seine Besitzungen repräsentiert war, bei plötzlichem Kapitalbedarf war er jedoch nahezu hilflos, er mußte wiederholt Kredite aufnehmen. Beim Kauf des großen Gestütes des verstorbenen Grafen Kaunitz im Jahre 1656 mußte er eine Schuldverschreibung ausstellen.[153] Er war mitunter derart in Schwierigkeiten, daß er sogar 1677 den Herzogshut zu verpfänden gezwungen war. Es geschah dies unter absoluter Geheimhaltung, auch seinem Vetter Hartmann wurde nicht die volle Wahrheit gesagt. Jedenfalls mußte dieser aber wieder einspringen und stellte 60.000 Gulden zu Verfügung, obwohl eigentlich nur 36.000 Gulden benötigt wurden. Hartmanns Stellungnahme lautete:

>»Weillen ich schuldig, des geschlechts interesse zu beobachten, und meines erachtens (doch unmaßgeblich) nicht gut, daß dergleichen praetiosa in andre schlecht hende kommen sollen; zu ihren selbst eigenen nuzen und dero herrn sohns consolation; weillen sie gar ein richtiger zaller sein.«[154]

Allein zwischen 1680 und 1682 kreditierte Hartmann seinem Vetter Karl Eusebius 215.350 Gulden, wovon etwa 45.000 Gulden zur Finanzierung der Hochzeit des Prinzen Johann Adam Andreas dienten. Der übrige Betrag wurde zur Bezahlung von Prozessen in Sachsen, in böhmischen Städten und mit den Ständen in den Herzogtümern Troppau und Jägerndorf benötigt.

Auch die »Türkensteuer« wurde mit 20.000 Gulden vorfinanziert, bzw. es wurde ein Teil für Umschuldungsaktionen verwendet. In dieser Zeit wurden Schulden bei 21 verschiedenen Gläubigern getilgt. Auch für nicht näher erläuterte Rechtsfälle im Zusammenhang mit den Privilegien des Hauses wurde Kapital benötigt

---

153 Derselbe, a. a. O., S. 75.
154 Derselbe, a. a. O., S. 75.

Karl Eusebius 127

»... dan ich nothwendig bei hoff großer schenkungen benöthiget bin, in daher man ohne dergleichen nichts richten kann und nothwendig selbiges beschehen müssen, damit man in seinen gerichts-sachen möge erhöret werden, ... man die ausgaben nicht also anschauen muß, sondern in den sauren apfel beissen, wan nur ein großer reputirlicher nutzen erfolgen kan und thuet«.[155]

Mit Schmunzeln liest man Derartiges, die Menschheit ändert sich anscheinend doch nicht sehr.

Daß die schon erwähnte Familienstruktur sicher eine gewisse Bedeutung hatte, zeigt uns folgendes Beispiel: Prinz Johann Adam Andreas erhielt 1686, nach seiner Heirat, den Nutzgenuß der Herrschaft Plumenau mit jährlich 6000 bis 7000 Gulden. Trotzdem ersuchte der junge Ehemann seinen Vater um eine zusätzliche Jahresrente von 12.000 Gulden, um die notwendigen finanziellen Bedürfnisse decken zu können. Er vergaß dabei nicht, darauf hinzuweisen, daß sein Onkel Hartmann einem seiner Söhne ein Kapital von 300.000 Gulden zugeeignet hatte, das eine Verzinsung von 18.000 Gulden ergab.[156]

Wir ersehen daraus nochmals, daß die Versorgung mehrerer Söhne oder die Mitgift bei der Verheiratung einer oder mehrerer Töchter beträchtliche finanzielle Probleme aufwerfen konnte.

Nicht geringe Schwierigkeiten bildeten auch die Ansprüche der Gattin des Fürsten, Johanna Beatrix, geborene Gräfin Dietrichstein. Deren Vermögen betrug 112.124 Gulden und war nach einer Vermögensaufstellung der Fürstin vom 19. September 1675 und im Testament vom 18. Februar 1676 zu Papier gebracht worden. Es umfaßte Erbanteile nach Mutter und Schwester, Schuldverordnungen an den Gatten, Heiratsgut, Morgengabe und Ehegeschenk.

---
155 Derselbe, a. a. O., S. 76.
156 Derselbe, a. a. O., S. 67.

Im Testament waren Vorkehrungen gegen unvorhergesehene Belastungen des Familienvermögens nach ihrem Ableben getroffen. Die Töchter Eleonore (verehelichte Fürstin Eggenberg) und Maria Theresia (verehelichte Fürstin Leslie) durften ihren Anteil nicht vor Ablauf von 6 Jahren nach dem Tode des Vaters aufkündigen, blieben also auf den Zinsgenuß des mütterlichen Vermögens beschränkt. Die Anteile der Enkelinnen nach der verstorbenen Fürstin wurden bis zu ihrer Heirat stillgelegt. Nur einige kleinere Legate wurden ausbezahlt.

Prinz Johann Adam Andreas wurden als dem künftigen Alleinerben 10.000 Gulden zugewiesen, mit der Überzeugung, daß er »auch damit vergnügt und zufrieden sein wird«.[157]

---

157 Derselbe, a. a. O., S. 76.

4.
Johann Adam Andreas

4.1. Regierungsübernahme.

Johann Adam Andreas wurde am 16. August 1662 als jüngstes Kind des Fürsten Karl Eusebius geboren. Er war der einzig überlebende Sohn unter acht Kindern, heiratete am 13. Februar 1681 Erdmunda Maria Theresia, Tochter des Fürsten Ferdinand Joseph von Dietrichstein und Maria Elisabeth von Eggenberg. Nach Vollendung seiner Studien machte er eine große Reise durch Deutschland, Holland, Frankreich und Italien. Auch er wurde, wie sein Vater, am französischen Hofe freundlichst aufgenommen. Seiner Ehe entstammen zwei Söhne und fünf Töchter.[158]

Karl Eusebius hinterließ seinem Sohn und Nachfolger Johann Adam Andreas – in der Familie wird er kurz Hans Adam genannt – Schulden in der Höhe von etwa 800.000 Gulden, die wahrscheinlich auf seinen aufwendigen Lebensstil zurückzuführen sind, wobei besonders das Gestüt, die Hofhaltung, die Leibgarde, die Komödianten und die Musikkapelle genannt werden müssen.

Er hinterließ ihm aber auch seine Gemäldesammlung, wie Jacob von FALKE bewiesen hat, der in seiner Familiengeschichte des Hauses Liechtenstein Auszüge aus der in der Bibliothek befindlichen Abschrift einer Instruktion des Fürsten an seinen Sohn veröffentlicht hatte (vgl. Abschnitt 3.1.). Diese »Instructio« enthält in dem Kapitel über die »Quardaroba« auch genaue und ausführliche Vorschriften über die Aufbewahrung der Gemälde. Näheres wußte man von den Sammlungen des Hauses

---

158 Jacob von Falke, a. a. O., S. II/325 ff.

Liechtenstein im 17. Jahrhundert nicht. Erst die Neuordnung des Archivs hat das fehlende Material für die Geschichte der Liechtensteingalerie und des liechtensteinischen Kunstbesitzes an den Tag gebracht. Mit den Akten und Büchern ist nicht nur das verschollene Werk des Fürsten Karl Eusebius über die Architektur, sondern auch das Original der bekannten allgemeinen »Instructio« sowie der übrige literarische Nachlaß des Fürsten gefunden und uns überliefert worden.[159]

Johann Adam Andreas gelang es, die Schulden recht bald zurückzuzahlen, er kaufte weitere Herrschaften, baute in Wien die beiden Palais und gründete die Vorstadt Lichtenthal. Mitte 1710 waren die Schulden getilgt. Erleichtert wurde dies durch die Sparmaßnahmen im Zuge der allgemeinen Teuerung im Lande, die im letzten Drittel des 17. Jahrhunderts einsetzte.[160] Bald nach seinem Regierungsantritt im Jahre 1684 reduzierte er radikal die Zahl seiner Bediensteten und der Herrschaftsbeamten, vor allem aber, wie schon erwähnt, der Musikanten und Komödianten und auch der Jäger und Falkner. Weiters wirtschaftete er auf seinen Gütern intensiver und härter, er erhöhte die Robotleistungen und die bäuerlichen Belastungen. Obwohl er mit seinen Einsparungsmaßnahmen nicht überall gut ankam, in Nordmähren rebellierten insgesamt 178 Dorf- und Marktgemeinden gegen ihn und suchten teilweise bei Kaiser Joseph I. Zuflucht, bezeichnete ihn Jacob von FALKE als »das vollkommene Musterbild eines Grandseigneur, der zu verwalten und zu regieren, aber auch zu repräsentieren, zu schaffen und zu leiten versteht«.[161]

Von der »Instructio«, die Karl Eusebius seinem Sohn gewissermaßen als Ratschlag für alle Lebenslagen hinterließ, wurde schon gesprochen. Es war dies eine Art politisches und fami-

---

159 Victor Fleischer, a. a. O., S. 13.
160 Hannes Stekl, a. a. O., S. 77.
161 Jacob von Falke, a. a. O., S. II/333.

Johann Adam Andreas

liäres geheimes Testament, das gegen 1680 entstanden sein dürfte. Der Fürst hatte durch die zahlreichen finanziellen Probleme, welche ihn praktisch sein ganzes Leben verfolgten, viele Lehren ziehen können, die er natürlich seinem Sohn auf den Lebensweg mitgeben wollte. Vor allem erklärte er diesem, daß er die Herrschaft auf seinen Besitzungen nicht unkontrolliert delegieren solle, sondern er müsse bei den Konferenzen der Räte anwesend sein, nicht so wie andere Fürsten

»so den Rath aus faul- und nachlessigkeit selbst nicht frequentiren, sondern allein ihre räthe expediren und walten lassen. Sie tun hieran unverantwortlich gegen Gott und der weldt, dann die obrigkeit ist von Gott zu diesen gesetzt, selbst zu regiren, alles anzuhören und die iustitiam candide zu administriren und ihre unterthaner selbst zu regiren und ihnen vorzustehen und sie zu beschützen ...«.[162]

Hans Adam solle niemals Schulden machen, nur die Hälfte seiner Einkünfte »verzehren« und von der anderen Hälfte einerseits jährlich rund 50.000 Gulden für die nachgeborenen Kinder zur Seite legen, andererseits vornehme Schlösser und Paläste bauen »zu ewiger gedächtnus und ruhm und reputation« des ganzen fürstlichen Hauses. Karl Eusebius war durch Erfahrung äußerst mißtrauisch. Er sagte, die Führung der Wirtschaft sei »so hacklig und der corruption unterworfen, daß welche obrigkeit hierüber nicht die direction selbst führt, der wirdt betrogen und bestohlen werden«. Er erklärte das Mißtrauen im Umgang mit den Bediensteten und Herrschaftsbeamten zur Kardinaltugend. Daher solle Hans Adam nicht in kaiserliche Dienste treten, da er dann nicht die nötige Zeit habe, seine Herrschaften zu kontrollieren.

Bezüglich des Weinbaues – wir haben die große Kellerei in Feldsberg – verwies der Fürst seinen Sohn auf die Erfahrungen seines Onkels Gundacker, der ja in Wilfersdorf ebenfalls ein Weingut mit großem Erfolg und Gewinn führte.

---

162 Thomas Winkelbauer, a. a. O., S. 88.

Um seinen Ratschlägen mehr Gewicht zu geben, wies Fürst Karl Eusebius auf seine eigene falsche Erziehung hin und daß seine Lebenserfahrung, die weiterzugeben er sich bemühe, sehr viel Lehrgeld gekostet habe, da er von seinen »regenten und würschaffts-räth« größte Untreue und Schaden geerntet habe.

Hier ist Karl Eusebius seinem Vater gegenüber nicht ganz gerecht, denn dessen relativ straffe Organisation der liechtensteinischen Güter ist schon daraus ersichtlich, daß bereits im Jahre 1604 sogenannte Hofrechnungsbücher geführt wurden.

Seit dem Jahre 1614 sind die Oberhauptleute bekannt, die die Herrschaften des Fürsten Karl besuchen, überprüfen und ihm wöchentlich berichten mußten. Wir haben einige davon schon genannt. Fürst Gundacker, von der Wilfersdorfer Linie, hat schon 1603 für seine Herrschaft Instruktionen an sein Personal, angefangen bei den Pflegern bis zu den Förstern, Müllern, Bierbrauern etc., erlassen. Er dürfte der beste Wirtschafter unter den drei Brüdern gewesen sein, denn sein Neffe Karl Eusebius hat die Wirtschaftsgrundsätze Gundackers an Hans Adam überliefert.[163]

Bald nach seinem Regierungsantritt erneuerte Hans Adam im Jahre 1685 das Privilegium, das Karl I. der Stadt Feldsberg 1625 verliehen und Karl Eusebius 1632 ebenfalls bereits erneuert hatte.

In seine Regierungszeit fiel auch die tatsächliche Rückkehr der Franziskaner nach Feldsberg. Dieser Orden hatte in der zweiten Hälfte des 15. Jahrhunderts das Minoritenkloster übernommen, das bereits 1286 von Heinrich von Chuenring, einem Schwiegersohn Alberos von Veldsperch, gegründet worden war.

1529 wurde es von türkischen Scharen schwer beschädigt und in der Reformationszeit unter der protestantischen Regie-

---

163 Derselbe, a. a. O., S. 87 ff.

Johann Adam Andreas

rung Georg Hartmanns tatsächlich verlassen. Georg Hartmann hatte die Beisteuer für das Kloster eingestellt und seinen Untertanen verboten, den Orden weiter zu unterstützen. Dem Mangel an Unterhalt wichen die Mönche. Es war jedoch auch ein Mangel an Nachwuchs eingetreten, da immer wieder Seuchen die Bevölkerung dezimierten.

Karl I., der wieder zum katholischen Glauben zurückgekehrt war, hatte sich bereits um eine Rückkehr des Ordens bemüht. Dieser konnte sich aber anscheinend nicht so recht entschließen, denn der Fürst schrieb am 17. Jänner 1626 aus Mährisch-Trübau einen etwas ungeduldigen Brief an den Franziskaner-Guardian nach Wien:[164]

»Wohlwürdiger / Insbesonders lieber P. Guardian. Ich habe nunmehro von zwei Jahren her bei dem P. Provinzial eures Ordens in Prag, als auch bey euch zu unterschiedlichen malen angehalten: wolten sich erklären, ob sie das Kloster in Feldsperg anzunehmen und widerumb mit ihren Ordensleuten zu besetzen willens wären. Weilen ich aber niemalen darauf Antwort bekommen, als ist an euch mein freundliches Gesinnen, wollet mir mit ehestem beantworten und eure Meinung andeuten. Dann, weilen ich dieses Kloster nicht weiter leer stehen lassen will, müsste ich solches – dafern die Patres eures Ordens es nicht annehmen wollen – einem andern Orden conferiren und würde diesfalls ich vor meine Persohn entschuldiget seyn.

So ich Euch hiemit freundlichst verhalten wollen, Uns allerseits Göttlicher Bewahrung befehlend.

Datum Mährisch-Tribau, den 17. Januari Anno 1626«

Carl F. v. L.[165]

Es begannen nun sofort Unterhandlungen wegen Übernahme des Klosters, doch bald darauf starb der Fürst und die Sache geriet wieder in Vergessenheit.

Erst unter Johann Adam Andreas kam es zur endgültigen Wiederbesiedelung. Im Jahre 1692 kehrten die Franziskaner

---
164 M. A. Becker, a. a. O., S. 7.
165 Cosmographia Austriaco-Franciscana, Abschnitt XVIII.

nach Feldsberg zurück, nachdem Kirche und Kloster wieder völlig instand gesetzt worden waren.

4.2. Der Franziskanerorden

In der Cosmographia Austriaco-Franciscana sehen wir am Beginn des Abschnittes »XVIII, Conventus ad S. Michaelem Archang. FELDSBERGAE in Austria Inferiore« einen Stich von Kirche, Kloster und Garten, darüber schwebend der Schutzengel St. Michael, einen Teufel vernichtend.
Darüber lesen wir:

»Hic inter densas insanae olim haeresis umbras
Fratres Conventum deseruere suum
Dispulsis umbris praesentes funditus aedes
LIECHTENSTEIN PRINCEPS struxit ADAMUS ope.
Protegit has MICHAEL Aulae caelestis Alumnus,
Queis poterit nullus obesse lapis.«

(Hier verließen einst,
während der dichten Schatten der unseligen Häresie,
die Brüder ihren Convent.
Nach Beseitigung der Schatten
errichtete Fürst Adam Liechtenstein
unter Mühen dieses Gebäude.
Es schützt dieses Michael,
der Zögling des Himmlischen Hofes,
ab nun wird ihm kein Stein mehr schaden können.)

Von Johann Adam Andreas wurde eine Stiftung geschaffen, die im Wortlaut in der erwähnten Cosmographie festgehalten ist:

»Fundatio Eleemosynae annua Fratribus gratiose adpromissa:
　Zu einen Allmosen denen P. P. Franciscaner zu Feldsberg / haben Ihro hochfürstl. Gnaden / der Durchleuchtig=Hochgebohrne Fürst und Her / Her Johann Adam Andreas des Heil. Röm. Reichs Fürst / und Regierer des Hauses Liechtenstein von Nickolspurg / gnädig resolvirt / nachfolgendes so wohl an Victualien / als / Geld / ihnen jährlichen (jedoch ohne Sequel und nur so lang / als es Ihro Hochfürstl. Gnaden / und dero Her-

Johann Adam Andreas

ren Successoren gefällig seyn wird) gegen denen hierunter gesetzten verrichtenden Heil. Messen / erfolgen zu lassen / als benanntlichen:
 Bier; jährlichen Vierzehn Vaß; welches sie ihnen doch selbst aus dem Temenauer Bräuhauß abführen sollen: auch seynd Ihro Hochfürstl. Gnaden nicht zugegen / ihnen gegen Erschüttung ihres eigenen guten tauglichen Waitzens annoch vierzehn Vaß brauen zu lassen.
 Wein / zwantzig Eymer, gleich von der Preß aus der Feldsperger Kellnerey.
 Korn; dreyßig sechs Metzen.
 Waitzen; zehen metzen
 Gehacktes Holz; dreyßig Klaffter; um die Abfuhr aus dem Wald aber / haben sie sich selbst zu bewerben.
 An Geld; jährlichen / dreyhundert Gulden, aus Ihro Hochfürstl. Gnaden Zahl=Ambt / und zwar Quartall=weiß gegen Quittung mit 75 Fl.
 Hingegen werden sie schuldig seyn / Sechshundert Seel= Messen inner Jahres=Frist zu Ihren Hochfürstl. Gnaden Intention zu lesen / und zwar so lang zu continuiren alle Jahr / als ihnen das obangesetzte Deputat und geld gereichet wird,
 Urkund hochgedacht Ihro Hochfürstl. Gnaden eigenhändige Unterschrifft / und gewöhnliche Cantzley=Fertigung.
 Geschehen Wienn den 1. Juli Anno 1692

J. A. A. F. v. L.«

Darauf folgte ein langes Dankschreiben des Ordens:

»Instrumentum Eucharisticum Provinciae Austriae.
 In Nomine Domini Amen. Wür Minister Provincialis, Custos, und gesamtes Diffinitorium des Ordens des Heil. Vatters Francisci der strengen Observanz dieser Oesterreichischen Provintz / bekennen / und thun hiemit kund jedermänniglich / daß / nachdeme der Durchleuchtigste Fürst / und Her /Her Johann Adam Andreas von Gottes Gnaden des H. Röm. Reichs Fürst und Regierer des Hauses Liechtenstein von Nickolspurg // in Schlesien Hertzog zu Troppau und Jägerndorff / der Röm. Kayserl. Majestät würcklich geheimer Rath / und Cammerer / und dero Durchleuchtige Gemahlin Frau / Frau Erdmunda Theresia Maria, Gebohrne aus dem Fürstl. Hauß von Dietrichstein / anjetzo Regierende Fürstin von Liechtenstein / sich gnädigst entschlossen / Uns unser altes Closter / so wir vor Zeiten in dero Herrschaft Feldsperg in Oesterreich gehabt: durch unglückseeligen Lauff der Zeit aber / und eingerissenen - Lutherianismus von dessen Possession vertrungen worden/ auf eigene

Unkosten wider zu erbauen; auch hochbesagt=Ihro Durchleucht mit Consens von Ordinariatswegen des Hoch= und wohlgebohrnen Hern / Hern Francisci Antonii, des H. Röm. ReichsGrafen zu Losenstein / Hern zu Losenstein=leuthen / und Gschwend etc / des Fürstl. Hochstifft Passau / und Ollmütz respective Dom=Probsten und Canonici, Hochfürstl. Passauerischen Rath / Officialis und Spiritualibus Vicarii Generalis; auch eines gesamten Venerabilis Consistorii in Oesterreich unter der Enns / so weith aus Hochfürstl. Freygebigkeit mit dem Closter und Kirchen=Gebäu kommen / daß alldorten eine Präsidenterey aufgerichtet / und sechs Religiosen füglich wohnen können: Wie nicht weniger mehr besagte Ihro Hochfürstl. Durchleucht aus angebohrner Mildigkeit sich erkläret haben / per modum purae eleemosynae ohne einige Verbündnuß / und Obligation weder für sich selbsten / weder für ihre Nachkommende ein freygebige Beysteuer / in Bier / Getreyd, Holtz / und baarem Geld=Allmosen jährlich zu reichen / so lang es ihnen / oder ihren Nachkömmlingen gnädigst wird belieblich seyn (wie es in der Hochfürstl. Durchleucht absonderlich angesetzten instrumento mehrers zu ersehen) mit dem Geding / daß im gedachten Closter Feldsperg auf gnädigste Intention Ihro Hochfürstl. Durchleucht die Patres Sechs=hundert H. Messen zu lesen verobligiret / und verbunden seyn sollen. Wir hinwiderum unsere schuldigste Danckbarkeit mit diesen entgegen gegeben=und gefertigten schrifftlichen Instrumento gegen ihnen beyden Hochfürstl. Durchleuchten Hern / Hern Stiffter / und Frauen / Frauen Stiffterin / wie auch das gesamte Hochfürstl. Hauß bestättigen wollen; ziehen auch darbey in bedacht (ausser dessen / was wegen deren von unseren Brüdern in gedachten Closter zu Feldsperg durch Gottes Gnaden in dem Weinberg des Herrn eyfrig erbauenden guten Früchten / durch evangelische Predigen / Bekehrung der Sünder / Fortpflanzung des wahren katholischen Glauben / Celebrirung deren H. H. Messen / andächtigen Gebett / und anderen gut Wercken / Ihro Hochfürstl. Durchleucht / hochgedachter Her / Her Stiffter und Frau / Frau Stiffterin / als die dessen allen einige Ursach seynd und verbleiben / von dem Allerhöchsten ohne deme vor Verdienst zu gewarthen haben) daß auch anbey sich zu schuldigsten Dancks=Erkanntnuß allweg gebühren wollen / die gantz überflüßig / und im Werck erzeugte überreiche Wohlthaten Ihrer Hochfürstl. Durchleucht auch mit häuffigerem Gebett / und geistlichen Verdiensten zu vergelten. Derowegen nehmen wir / erstlich / vorgedachte Ihro Hochfürstl. Durchleucht Hern / Hern Stiffter und Frau / Frau Stiffterin / samt dem gantzen Hochfürstl. Hauß in die Bruderschaft unseres Seraphischen Ordens an / und auf: selbe einverleibend zu jeden Zeiten allen in der Franciscaner=Religion gebräuchlichen Suffragien im Leben/ und nach dem Todt; und machen sie auch vollkommentlich theilhafftig Aller H. H. Meßopfer / Gebetten / Andachten / Fasten / Abbruch / Disciplinen / Bußwerken / Predigen / Kirchfahrten / geistlichen Lehren / Betrachtungen / und aller Wercken / welche von uns / und der gantzen Seraphischen Religion Oesterreichischen Provinz verrichtet / und von der Göttlichen Barmhertzigkeit aufgenohmen werden; auf daß sie also durch so vielfältige Verdiensten überhäuffet/ all hier auf Erden den überreichen Göttlichen Seegen geniessen; und alldorten die ewige Glory / und immerwehrende Glückseeligkeit erlangen mögen. Es sollen annebens auch beyde obgedachte Hochfürstliche Durchleuchten mit dem Eingang des Closters intra Clausuram, als würdigste Stiffter und Stiffterin zu allen Zeiten respectiret: und die gezühmende jura consuetudinaria Fundatorum mit geistlicher Freud beobachtet werden.

Versprechen auch / und verobligiren Uns / und alle des Closters zu Feldsperg künfftige Obrigkeiten zu ewigen Zeiten / daß an dem glückseelig=und erfreulichen Nahmens=Tag beeder Hochfürstl. Persohnen / als lang ihnen die Göttliche Güte das Leben verleyhen (welches wir in unzahlbare späte Jahr zu dauren grundhertzig anwünschen) beständig ein gesungenes solemnes Hoch=Ambt gehalten: von denen Priestern die Heil. Meß appliciret / von denen FF. Laicis aber d. H. Communion Gott aufgeopfert werden solle / zu Überkommung aller angewunschenen Glückseeligkeiten beeder Hochfürstl. Durchleuchten / und langen Erhaltung des gantzen Hochfürstl. Hauses; Nach deren zeitlichen Hintritt aber an ermelten Tägen solle nebst der gewöhnlichen Todten=Vigil sub ritu duplici, ein Anniversarium gesungen werden; Die Priester aber die H. Meß appliciren / und FF. Laici die H. Communion für dero Seelen zu ewigen Zeiten verrichten. Dessen zu wahrer=Urkund haben wir diesen Brief eigenhändig unterschrieben/ und unser gewöhnliches der Oesterreichischen Provinz grösseres Insigl darauf drucken lassen.

Actum Wienn in unserem Franciscaner=Convent
zu S. Hieronymo
den 17ten September, Anno 1692.«

Mitte der 90er Jahre wurde für die Franziskanerkirche eine neue, große Orgel angeschafft, für die 550 Gulden bezahlt wurden. Im Vergleich dazu kostete ein »Stückh mahlerey« von Tizian 200 Gulden.[166]

---

[166] Herbert Haupt, a. a. O., S. 127.

4.3. Wirtschaftserfolge, Familienerbe

Das Geheimnis der wirtschaftlichen Erfolge Hans Adams war allem Anschein nach darin begründet, daß er den Rat seines Vaters beherzigte, sich persönlich um seine Besitzungen zu kümmern und diese zu kontrollieren. Das begann gleich nach seiner Regierungsübernahme nach dem unerwarteten Tode seines Vaters im Jahre 1681. Infolge der Rationalisierung seiner Güter warfen diese beträchtliche Gewinne ab, so daß er bald in der Lage war, weitere Besitzungen zu erwerben. Die Schulden seines Vaters waren ja relativ rasch abgezahlt. Jacob von FALKE berichtet über den Fürsten:

»Schon im Jahre 1687 kaufte er von der Gräfin Dietrichstein den Zdislauer Hof auf der Herrschaft Czernahora und darauf von einem Baron Skribensky einen Hof zu Kosteletz und ein Haus in Plumenau, ebenso 1689 das Glashüttengut Klein Mohra auf der Herrschaft Goldenstein. Schon im Jahre 1687 hatte er in der Roßau den Auerspergischen Garten erworben. 1692 wurde die Herrschaft Göding gekauft, 1693 gelang es dem Fürsten, einen Garten und ein Haus, wieder in der Roßau, in seinen Besitz zu bringen. 1694 kaufte er in Wien an der Löwelbastei hinter dem Landhaus die Freihäuser vom Grafen Kaunitz und ein Grundstück vom Grafen Zinzendorf. An dieser Stelle wurde das Stadtpalais errichtet. 1695 erwarb er zwei Drittel der alten Herrschaft Sternberg, die Ämter Knibitz und Sternberg, den Rest, das Dominium Karlsberg, kaufte er 1699. 1697 war bereits in Wien das Areal in der Roßau durch Ankauf eines ›öden Hofes‹ wieder erweitert worden.

Im Juni 1699 gelang es Hans Adam, die Herrschaft Schellenberg im schwäbischen Kreise zu erwerben. Sie sollte für ihn besondere Bedeutung erlangen.

1700 erwarb er den Edelsitz und Hof in Ober-Kritzendorf bei Klosterneuburg, 1701 die Herrschaft Judenau, das Gut Dittersdorf und den Edelsitz Ordenthal. Im Jahre 1702 folgte der Ankauf der Herrschaft Lypto Ujvar (Hradeck) in der ungarischen Slowakei. In den Jahren 1706 bis 1708 erstand er in Böhmen und Mähren kleinere Güter, wie Pristupin, zur Herrschaft Schwarzkosteletz gehörend, das Gut Czech in Mähren, im Olmützer Kreis, weiters im Saazer Kreis einen verhältnismäßig großen Besitz, die Herrschaft Rotenhaus. 1713 folgte der wichtigste Ankauf, er erwarb die Herrschaft Vaduz, ebenfalls im schwäbischen Landkreis. Vaduz

Johann Adam Andreas

und Schellenberg waren gewissermaßen der Grundstock des späteren Fürstentums Liechtenstein. Die Herrschaft Schellenberg stand vor dem Jahre 1317 im Besitze der Herren von Schellenberg, wir hören den Namen also bereits 350 Jahre vor Karl Eusebius, in dem genannten Jahr kam sie an die Grafen von Werdenberg und nach einigen weiteren Besitzern im Jahre 1613 an Caspar Graf Hohenems, von dieser Familie schließlich an das Haus Liechtenstein. Dieser reichsunmittelbare Besitz war Bedingung, um in das Reichsfürstenkollegium aufgenommen zu werden und damit die langerstrebte Reichsunmittelbarkeit zu erlangen.«[167]

Daneben besaß der Fürst noch vorübergehend in Böhmen die Herrschaften Zbirov, Königshof und Totschnik, die er als Pfand für dem Staate geliehene Gelder, es handelte sich um etwa 500.000 Gulden, erhalten hatte. Insgesamt hatte der Staat von ihm kaum viel weniger als eine Million Gulden geliehen.

Obwohl er sich entsprechend dem Testament seines Vaters von öffentlichen Ämtern fernhielt, wurde er immer wieder in Finanzproblemen konsultiert, meist aber befolgte man dann seine Ratschläge nicht.

Ähnlich war es bei der Gründung der Girobank in Wien, im Jahre 1704. Das Gründungspatent trägt das Datum 15. Juni 1702. Der Fürst war Präsident der Bank, resignierte jedoch im Oktober 1705, da ihm gewisse Entwicklungen nicht zusagten.

Eine ganz kurze politische Mission hatte er noch 1707 am Ungarischen Landtag zu Preßburg, wo die dortigen Wirren zur Debatte standen. Es kam aber zu keinen entscheidenden Beschlüssen.

Schon seit 1696 war der Fürst mit Plänen für ein Palais mit Garten in der Roßau beschäftigt. Er entschloß sich für einen Entwurf des Baumeisters Domenico Martinelli, Palais und Garten dürften um 1702 fertiggestellt worden sein. Anschließend nahm er den Bau des Stadtpalais in Angriff, der Grundstein war bereits

---

167 Jacob von Falke, a. a. O., S. II/321 ff.

1699 gelegt worden. Der Plan war ebenfalls von Martinelli, die Ausführung leitete der Baumeister Alessandro Christiani.

Einen Teil der wertvollen Gemälde, die der Fürst bis dahin in Feldsberg aufbewahrt hatte, ließ er nach Wien in das Stadtpalais bringen, 1807 kamen diese allerdings in das Roßauer Gartenpalais. Leider existiert keine Aufzeichnung über die Bilder und Kunstwerke, die von Feldsberg nach Wien kamen.

Es liegt eine Tragik im Leben Hans Adams, da er seinen Besitz nicht an seine Söhne weitervererben konnte. Er hatte mit seiner Gattin Erdmunda Maria Theresia von Dietrichstein sieben Kinder, davon zwei Söhne, die beide als junge Männer starben:

Karl Joseph, geboren am 15. Oktober 1684, starb mit zwanzig Jahren, am 14. Oktober 1704, nach FALKE an Kinderblattern. Er liegt in der Gruft in Wranau bestattet. Der jüngere Sohn, Franz Dominik Aegidius, geboren am 1. September 1689, starb am 19. März 1711. Der Fürst dachte bereits daran, ihn mit einer deutschen Prinzessin zu vermählen. Er wurde ebenfalls in Wranau beigesetzt, seine Todesursache ist bei FALKE nicht überliefert.

So konnte Fürst Johann Adam Andreas zu seinem großen Schmerz die Früchte seiner Lebensarbeit nicht in direkter Linie weitergeben. Er starb an den Folgen eines Schlaganfalles am 16. Juni 1712.[168]

4.4. Bautätigkeit

Unter Johann Adam Andreas ist zweifellos am Schloß in Feldsberg weitergebaut worden. Wir kennen eine Abbildung des Schlosses etwa aus dem Todesjahr des Fürsten. Es war von Gustav WILHELM für die Illustration seiner »Baugeschichte des Schlosses Feldsberg« vorgesehen. Leider konnte dieses Buch

---

168 Derselbe, a. a. O., S. II/321 ff.

wegen der weltgeschichtlichen Ereignisse gegen Ende des Zweiten Weltkrieges nicht mehr herausgebracht werden. Jedoch existiert eine provisorische Auflage aus dem Jahre 1944. Darin versucht der Autor, diese erwähnte Abbildung mit dem Stich von G. Matthäus Vischer zu vergleichen, und er beschreibt auch recht anschaulich den Unterschied anhand von zahlreichen Beispielen. Es ist wichtig, daß von Umbauten, die dann unter Anton Florian gemacht wurden, noch nichts zu sehen ist. WILHELM versucht nun folgenden Beweis für die Bautätigkeit Hans Adams zu erbringen.[169]

Auf dem Stich von Vischer sieht man das Schloß als eine Anlage mit drei rechteckigen, in einer Achse gelegenen Höfen. Der älteste Schloßteil, der südliche, in welchem der alte Turm noch zu sehen war, ist zweigeschossig, der mittlere, also in Richtung Nordosten dreigeschossig. Es ist dies der höchste Trakt des Gebäudes. Noch weiter nach Nordosten gelegen ist der dritte Teil der Anlage, der aber infolge des Terrainunterschiedes niedriger ist als der mittlere Abschnitt. Jenseits des Grabens, also wiederum weiter nach Nordosten, sind zwei parallele Trakte mit zwei viereckigen Ecktürmen, die durch einen Quertrakt mit großem Portalbau verbunden sind. Den beiden Ecktürmen sind seitlich jeweils zweigeschossige Bauten angefügt, die mit einem Altan verbunden sind.

Nehmen wir nun die Abbildung aus etwa 1712 zum Vergleich, so sehen wir, daß der Dachstuhl des Quertraktes am Burggraben umgebaut wurde. Das Dach der gegen den Graben vorspringenden Längstrakte ist mit dem Quertrakt auf gleiche Höhe gebracht worden, auch der Uhrturm ist verändert und läßt bereits den heutigen Zustand erahnen. Leider sind uns von Hans Adam die Bauakten nicht vollständig überliefert, man ist vorwiegend auf Notizen in den Rechnungsbüchern angewiesen.

Am 6. November 1685 bekommt der Olmützer Steinmetz-

---

[169] Gustav Wilhelm, Baugeschichte des Schlosses Feldsberg, S. 20 ff.

meister Martin Mietzka den Auftrag für die Herstellung von Türstöcken, Fensterstöcken und Staffeln zu dem »newen Schloßgebaw«.

Am 2. Jänner 1686 ordnet der Feldsberger Hauptmann die Bereitstellung von 40.000 Mauerziegeln zum Schloßbau an, in den nächsten drei Jahren scheinen in den Rechnungsbüchern immer wieder größere Beträge auf, die für Maurer, Steinmetzen, Sandwerfer, Ziegelmacher und Stukkateure verwendet werden.

Ein Zimmermann aus Brünn erhält 1687 »wegen des Thurmbs« 53 Gulden. In einer Eingabe vom 27. August berichtet der Steinmetzmeister Martin Mitschke, der sicher mit dem eben genannten Martin Mietzka aus Olmütz identisch ist, über seine Arbeit an »dem großen Bardal (Portal) in alhiesig fürstl. Residenz«. Sein Name ist im Jahre 1687 noch mehrmals zu finden, einmal mit dem doch nennenswerten Betrag von 623 Gulden 30 Kreuzer, den Eintragungen nach für Tür- und Fensterstöcke, Schneckenstiegen, Steinbalustraden etc.

Im April 1688 bekommen Balthasar Fontana und Pietro Antonio Garrone Aufträge für Stukkaturarbeiten, und zwar Fontana für 6 Zimmer, Garrone für 5 Zimmer und ein Winkelzimmer. Er erhält für die Arbeit 395 Gulden, und ein Jakob Trebeli erhielt für 13 Zimmer 225 Gulden.

Im selben Jahr, am 2. Mai 1688, treffen wir nochmals auf Martin Mitschke mit einem Riß für einen Kamin. Weiters werden, ebenfalls im selben Jahr, größere Tischlerrechnungen bezahlt. Hans Michl aus Brünn liefert Sessel, 28 große und 11 kleine Türen, die Tischler Leonhard Donner und Albrecht fertigen Fensterrahmen an, die Feldsberger Tischler Philipp Brand und Tobias Grünbaum 190 Tafeln für Fußböden.

Im folgenden Jahr, 1689, scheint wiederum Mitschke mit 66 Gulden für eine nicht näher bezeichnete Arbeit auf, die Maler Giovanni Battista Colombo und Domenico Rossi verrechnen ihre Freskomalereien für insgesamt neun Zimmer, wobei jedes

Zimmer mit 75 Gulden zu Buche steht. Der Wiener Steinmetz Veith Steinbeck verrechnet 150 Gulden »vor gemachte 2 wallisische Camin von gesprangtem Mörmel«.

Alle diese Arbeiten betreffen die Ausgestaltung der einzelnen Räume des Schloßinneren. Wahrscheinlich wurde vor allem im ersten und zweiten Stockwerk des Traktes mit dem Uhrturm und dem daran anstoßenden Flügel gearbeitet.

Außenarbeiten am Schloß finden wir wieder im Jahre 1690. Die Eintragung »Dem Gregor Tauch, Zimmermeister aus Brünn vor Abtrag- und Erbauung des alhiesigen forderen Schloßgebeu 800 Fl« bezieht sich auf einen neuen Dachstuhl.

Der Feldsberger Bildhauer Adolf Lüngel stellt zahlreiche Kapitele und etliche Figuren her, die wahrscheinlich der Ausschmückung der Schloßfassade dienten.

Martin Mitschke aus Olmütz ist auch in diesem Jahr (1690) wiederum tätig, er fertigt 27 Türstöcke an, und Trebeli versieht eine größere Anzahl von Zimmern mit Stukkaturarbeit. 1691 scheint am Schloß nicht gearbeitet worden zu sein, wahrscheinlich nahm der Wiederaufbau des Franziskanerklosters alle Kräfte in Anspruch. 1696 finden wir eine Rechnungsnotiz, die das Bestehen eines Schloßtheaters nachweist:

»3. Dezember. Dem Matthia Opus vor Mahlung des Theatrium zur Comedia im Schloß 8 fl, von Zusammennähung 93 Ellen rohe Leinwandt zum Comedia Theatro 51 Kreuzer.«

Auch im Schloßgarten wurde in dieser Zeit gebaut. Erstmals im Jahre 1697 tauchte der Plan auf, im Schloß eine repräsentative Hauptstiege zu errichten. Der Maurermeister Andreas Klosse erstellte eine umfangreiche Planung, alle Einzelheiten wurden einschließlich Kostenvoranschlägen besprochen und errechnet. Es kam aber doch nicht zum vorgesehenen Bau, eine wesentlich bescheidenere Variante wurde gewählt und zwischen 1703 bis 1706 ausgeführt.

Allerdings hatte der uns bereits bekannte Martin Mitschke

doch umfangreiche Vorarbeiten durchführen müssen, denn er verrechnete im Juli 1706 für bereits durchgeführte Steinmetzarbeiten 2423 Gulden und 9 Kreuzer.

1701 wurde der Fasangarten mit seinen notwendigen Gebäuden dem Maurermeister Andreas Klosse zum Bau übergeben. Abgeschlossen wurde dieser aber erst unter Anton Florian. Am 11. April 1702 erhielt der Austerlitzer Maurermeister Pietro Giulietti den Auftrag, die Mauer um den Fasangarten samt einem Portal zu errichten. Ein Riß dieses Portals existiert und war in Gustav WILHELMS »Baugeschichte des Schlosses Feldsberg« bei der Bildbeilage vorgesehen.

1710 bis 1712 wurde der Neubau des Uhrturmes am Schloß durchgeführt. Es erhebt sich die Frage nach dem Architekten für den geplanten Umbau des Schlosses, der schließlich in bescheidenerem Maße durchgeführt wurde.

Johann Fischer von Erlach war sicher im Gespräch, er baute ja im benachbarten Eisgrub 1688 das wunderbare Reitstallgebäude. Zu Beginn dieses Jahres ist er in Feldsberg nachzuweisen, im März 1691 in Wilfersdorf. Fürst Johann Adam Andreas war also sicher mit dem älteren Fischer von Erlach in Verbindung. Wir haben aber keine Beweise, daß dieser am Bauprojekt des Schlosses Feldsberg beteiligt war.

Eine andere Variante ist wahrscheinlicher. Der Architekt Domenico Martinelli errichtete für den Fürsten das Stadtpalais in Wien und das Gartenpalais in der Roßau. Es ist also die Überlegung naheliegend, daß Martinelli auch am Umbau in Feldsberg beteiligt war. Aus einer Biographie Martinellis, herausgegeben von GIANBATTISTA FRANCESCHINI 1772 in Lucca, finden wir die Nachricht, daß Martinelli einen Plan für das Schloß Feldsberg entworfen habe, und es ist anzunehmen, daß der Plan für das zuerst vorgesehene Stiegenhaus von ihm stammt.[170] Warum er nicht zur Ausführung gelangte, hat wohl mehrere Gründe. Zu-

---

170 Derselbe, a. a. O., S. 20 ff.

Johann Adam Andreas 145

erst einmal hatten die Bauten in Wien sicher Vorrang. Dann, wir erwähnten es bereits, wurde in Feldsberg das Franziskanerkloster neu errichtet, was natürlich für den Fürsten doch eine beträchtliche finanzielle Belastung bedeutete. Dies alles wird wohl den Entschluß zum Bau eines einfacheren Stiegenhauses in den ersten Jahren des 18. Jahrhunderts beeinflußt haben. Jedenfalls ist aber eine gewisse Modernisierung im Inneren des Schlosses durchgeführt worden.

In dieser Zeit scheint auch Prinz Eugen häufiger Gast in Feldsberg gewesen zu sein, denn im Bürgerbuch von Feldsberg (1825–1877) finden wir folgenden Vermerk:

»Schloß Feldsberg: Daselbst befindet sich ein Zimmer (das Botschafterzimmer), in welchem der große Feldherr Prinz Eugen zu wohnen pflegte. Daselbst ist auch sein lebensgroßes Bild.«[171]

4.5. Die Rüstkammer Hans Adams

Bei den Abhandlungen der Verlassenschaft nach dem Ableben des Fürsten Johann Adam Andreas, die im Jahre 1712 im Schloß Feldsberg durchgeführt wurden, entstand ein Inventar der fürstlichen Gewehrkammer. Darin werden 185 Gewehre und 28 Pistolen beschrieben. Dieses Inventar ist sicher von einem Fachmann diktiert worden, es ist dies aus bestimmten Schreib-und Hörfehlern des Schreibers zu ersehen. Alle Signaturen, Marken, Schlösser, Läufe und Schäftungen sind genau angeführt.

Zu erwähnen wäre hier, daß sich dieses Kapitel »Die Rüstkammer Hans Adams« weitgehend an die Arbeit von Gustav WILHELM aus dem Jahre 1970 anlehnt. (»Die Rüstkammer des Fürsten Johann Adam Andreas von Liechtenstein [1662–1712] im Schlosse Feldsberg«.)

Schon von Karl Eusebius gibt es aus dem Jahre 1658 ein Inventar, das Waffen, die sich in Feldsberg und in Wien befan-

---

[171] Stadtarchiv Feldsberg, Bürgerbuch 1825–1877.

den, beschreibt. Ein weiteres Inventar entstand um 1678. Eine Identifizierung mit den derzeitigen Rüstkammerbeständen, die sich in Vaduz befinden – FLRK[172] – ist nur selten möglich, da seinerzeit die Meisternamen für gewöhnlich nicht genannt wurden.

Fürst Hans Adam dürfte neben Feldsberg auch auf anderen Besitzungen, sicherlich aber in Wien, ähnliche Gewehrkammern unterhalten haben. In der Rüstkammer in Vaduz findet sich ein schönes Faustrohr mit dem Monogramm des Erzherzogs Matthias und den Emblemen des Ordens vom Goldenen Vlies, das nicht im Feldsberger Inventar angeführt ist. Wahrscheinlich handelt es sich um ein Geschenk des Erzherzogs an Fürst Karl I. von Liechtenstein.

Aus dem Feldsberger Gewehrkammerinventar und aus bestimmten Zahlungsbelegen können wir einen ungefähren Überblick über die Büchsenmacher gewinnen, die für das fürstliche Haus gearbeitet haben, wie etwa der Wiener Georg Kaiser. Er war seit 1689 fallweise für Hans Adam tätig. Auch den Namen Andreas Schubert finden wir 1690. Im April 1698 wird von einem Büchsenmacher berichtet, der in Feldsberg für die Gewehrkammer neu aufgenommen und für den verschiedene Werkzeuge angeschafft wurden. Leider erfahren wir seinen Namen nicht, möglicherweise war es Mathias Ertl. 1695 wurden von einem Grafen Brandis 5 Spingarden, 16 Flinten, 5 Auerhahnröhren, 6 Scheibenröhren, ein Paar Pistolen und zwei kleine Stutzen gekauft. Der Kaufpreis betrug 1400 Gulden. Der Büchsenmacher La Marre überprüfte und reparierte die Waffen. 1695 wird Hans Jacob Zemreich als bürgerlicher Büchsenmacher genannt. Auch Johann Waas war für den Fürsten tätig, weiters Mathias Eder, »Büchsenmacher im kaiserlichen Arsenal«. Er verkaufte dem Fürsten einen Balläster, auch Caspar Zeller, der schon 1695 dem Fürsten eine Kinderflinte für

---

[172] Fürstl. Liechtenstein'sche Rüstkammer.

Johann Adam Andreas

seinen 15jährigen Sohn Franz lieferte, wird genannt. Ebenfalls 1695 lesen wir von dem Büchsenschifter Dominik Asomus, ein Jahr später kaufte der Fürst Waffen bei Lorenz Bauer. 1707 verkaufte Christoph Feiler an den Fürsten Gewehre. Die in der FLRK in Vaduz vorhandenen anderen Gewehre und Pistolen scheinen von späteren Generationen zu stammen.[173]

Das Inventar der Feldsberger Rüstkammer des Fürsten Johann Adam Andreas von Liechtenstein aus dem Jahre 1712, »Rist Cammer oder Armentarium«, beschreibt jedes Sammelstück, in der Arbeit von Gustav WILHELM werden alle Einzelheiten, zum Teil mit Bildern, gebracht.

---

173 Gustav Wilhelm, Die Rüstkammer des Fürsten Johann AdamAndreas von Liechtenstein (1662–1712) im Schloß Feldsberg. In: „Jahrbuch des historischen Vereines für das Fürstentum Liechtenstein, 1970, S. 421 ff.

5.
Schlußwort

Die Tatsache, daß Feldsberg im 17. Jahrhundert Residenz des fürstlichen Hauses Liechtenstein war, brachte der Stadt vielfachen Gewinn, brachte sie auch gesellschaftlich in ein gewisses Rampenlicht.

Wohl hatte schon 1391 Johann I. von Liechtenstein (»Hanns, der Gewaltige Hofmeister«) den Besitz Feldsberg zur Gänze aufgekauft, doch hatten verschiedene Umstände einen nennenswerten Aufstieg der Stadt und des Hauses Liechtenstein verhindert. Hanns fiel bei Herzog Albrecht III. aus uns unbekannter Ursache im Jahre 1394 in Ungnade und verlor praktisch seinen ganzen Besitz. Im Jahre 1408 gab Herzog Leopold IV. seinem Hofmeister Heinrich V. von Liechtenstein wiederum Stadt und Feste Feldsberg in das freie Eigentum zurück. Es wurde dies alles bereits in der Einleitung erwähnt. Zur Zeit der Reformation, besonders in der zweiten Hälfte des 16. Jahrhunderts, kam es durch tüchtige Repräsentanten des Hauses zu einer Erstarkung der Feldsberger Linie, die sich dann unter Karl I. vehement fortsetzte. Er schuf vor allem zu Beginn seiner Regierung ein neues Erbgesetz, das für Jahrhunderte Gültigkeit hatte und eigentlich noch heute hat.

Infolge seiner Stellung als Statthalter des Kaisers in der schicksalsschweren Zeit zu Beginn des Dreißigjährigen Krieges und der damit verbundenen Belehnungen mit mährischen, vor allem aber böhmischen Gütern, kam es allerdings zu einer engen und nicht immer glücklichen und störungsfreien Verflechtung der Familie Liechtenstein mit mährischen und böhmischen Interessen. Besonders die Hinrichtungen am Altstädter Ring in Prag wurden Karl von Liechtenstein von bestimmten Kreisen durch Jahrhunderte nachgetragen. ZÖLLNER schreibt:

Schlußwort

»Die tschechischnationale Tradition, aber auch die slawophile Geschichtsschreibung des Westens, hat die Ereignisse von 1620 und 1627 stets als eigentlichen Beginn eines ›Martyriums‹ des tschechischen Volkes unter habsburgischer Herrschaft gedeutet; tatsächlich standen damals aber die Auseinandersetzungen zwischen Absolutismus und Ständestaat, zwischen Katholizismus und Protestantismus durchaus im Vordergrund.«[174]

Unter den Hingerichteten befanden sich aber nicht nur Tschechen, sondern auch Deutsche, z. B. der Rektor der Universität Prag.

Kaiser Ferdinand erklärte, Böhmen habe durch den Aufstand die Privilegien verwirkt, er zerschnitt den Majestätsbrief. Viele Protestanten verließen das Land. Im Sterbejahr Karls von Liechtenstein, 1627, wurde die »Verneuerte Landesordnung« verkündet, durch die Böhmen und die Nebenländer, also auch Mähren, zum Erbkönigreich erklärt wurden. Das Wahlrecht der Stände wurde sistiert, die »Böhmische Hofkanzlei« nach Wien verlegt.

Diese schicksalsschweren Ereignisse hatten wohl für Feldsberg, das dem Erzherzogtum Niederösterreich zugehörte, keinen direkten wesentlichen Einfluß gebracht, aber gegen Ende des Dreißigjährigen Krieges, als die Schweden, von Mähren kommend, die Gebiete nördlich der Donau besetzten, kam wieder die Kriegsnot über unser Land und unsere Stadt. Nach Ende dieses großen Krieges schuf Karl Eusebius, der Sohn Karls, aus Feldsberg eine strahlende Residenz, er erbaute die sehenswerte Kirche, veränderte die Umgebung zu ihrem Vorteil, machte aus der Stadt eine kulturelle und gesellschaftliche Perle. Aber nicht einmal in dieser Zeit war man frei von Kriegssorge, denn aus dem Süden und Südosten drohte immer wieder die Türkengefahr, die erst nach dem Jahre 1683, als die Osmanen bei Wien geschlagen wurden, beendet war.

---

174 Erich Zöllner, Geschichte Österreichs, S. 212 ff.

Dennoch, trotz aller Sorgen, Not und Schwierigkeiten wurde in diesem Jahrhundert Feldsberg und sein Schloß immer weiter ausgebaut. Interessante Betrachtungen über die architektonische Entwicklung des Schlosses und das Wirken des Hauses Liechtenstein für die Stadt bringt Erich HUBALA.[175] Er weist dabei immer wieder auf die engen Verflechtungen des Fürstenhauses mit Mähren hin, die schließlich eine schicksalhafte Entwicklung nahmen.

Jeder der drei Fürsten von Liechtenstein des 17. Jahrhunderts hat für Feldsberg Großes geleistet, und es ist schwer, das Gewicht jedes einzelnen in seiner Bedeutung für die Stadt abzuwägen. Alle drei haben unendlich viel für den Aufstieg des Hauses Liechtenstein und damit auch für die Stadt getan. Dennoch sollten wir eine gewisse Differenzierung treffen. Karl, der erste Fürst der Familie, hatte den Grundstock zur Expansion und zum Reichtum des Hauses gelegt. Durch seine vielen Verpflichtungen konnte er sich jedoch nicht allein auf seine Residenzstadt Feldsberg konzentrieren. Dies scheint seinem Sohn und Nachfolger Karl Eusebius doch besser gelungen zu sein. Unter ihm dürfte Feldsberg den Kulminationspunkt in kultureller, wirtschaftlicher und gesellschaftlicher Hinsicht erreicht haben. Wir erwähnten bereits den Bau der Pfarrkirche, die Erweiterung und Pflege der Wälder, den Ausbau der Fischzucht in den umliegenden Teichen, den weiteren Ausbau des Schlosses, seine Kunstsammlungen etc.

Ergänzend sollte hier noch gesagt werden, daß im Jahre 1680 Karl Eusebius in Feldsberg eine Schützengesellschaft errichtet und ihr zugleich Statuten gegeben hat, die von seinen Nachfolgern immer wieder bestätigt wurden. Es scheint damit erwiesen, daß diese Schützengesellschaft die älteste Vereinigung Feldsbergs war. Sie hat sich fast ohne Unterbrechung erhalten, in ihr waren fürstliche Beamte, fürstliches Jägerpersonal

---

175 Erich Hubala, Burgen und Schlösser in Mähren, S. 50 ff.

Schlußwort

und Bürger der Stadt zum gemeinsamen Scheibenschießen vereint. Diese Schützengesellschaft bestand mit einer kurzen Unterbrechung in den Jahren 1848–1854 bis zum Zweiten Weltkrieg. Wir haben deshalb so genaue Angaben, weil in der ersten Hälfte des 19. Jahrhunderts ein Streit zwischen den F. L. Beamten und der Bürgerschaft bzw. dem Magistrat der Stadt Feldsberg über die Führung der Gesellschaft entbrannt war, der sich über drei Jahrzehnte hinzog und im Stadtarchiv genau festgehalten ist. Aus einem Schreiben des Schützenmeisters Johann Thomas vom 10. Jänner 1855 an das Löbliche K. K. Bezirksamt in Feldsberg, in welchem gebeten wurde, »die höchste Genehmigung zum Fortbestand der Schützengesellschaft zu Feldsberg höchsten Ortes zu erwirken«, erfahren wir die erwähnten Einzelheiten.[176]

Auch der Nachfolger des Fürsten Karl Eusebius, Johann Adam Andreas, schuf zu Beginn seiner Regierungszeit weiteren Auftrieb für die Stadt, er brachte 1692 die Franziskaner wieder zurück, um die sich bereits Fürst Karl bemüht hatte. Dennoch müssen wir erkennen, daß unter seiner Regierung der wirtschaftliche und gesellschaftliche Schwerpunkt des Hauses Liechtenstein langsam nach Wien verlegt wurde. Zu Beginn des 18. Jahrhunderts erbaute er die beiden Palais in Wien, zuerst das in der Roßau, dann das in der Stadt. Dies führte dazu, daß die wirtschaftlichen und politischen Agenden immer mehr von Feldsberg nach Wien wanderten, ebenso wie zahlreiche Kunstschätze und Gemälde dorthin transferiert wurden. Es kann jedoch mit Recht gesagt werden, daß das 17. Jahrhundert dem Hause Liechtenstein und seiner Residenzstadt Feldsberg, trotz aller dramatischen und teilweise auch tragischen Schwierigkeiten, einen ungeahnten Aufschwung und Glanz gebracht hat.

---

176 Stadtarchiv Feldsberg, Karton 12/VIII.

6.

Nachbetrachtung

Ausblick ins 20. Jahrhundert

Die im vorliegenden Buch gebrachte Schilderung Feldsbergs im 17. Jahrhundert läßt das Schicksal und die Geschichte der Stadt und des Fürstengeschlechtes im Ablauf der Zeiten naturgemäß eingegrenzt erscheinen. Um den Zusammenhang mit der weiteren Entwicklung anzudeuten, soll abschließend versucht werden, in einem ganz großen Bogen den weiteren Verlauf der Geschicke der Stadt zu skizzieren. Darüber hinaus besteht die Absicht, über diese etwa 250 Jahre eine weitere, auf die späteren Entwicklungsprozesse eingehende Arbeit zu schreiben.

Nach der Errichtung der beiden Liechtenstein-Palais in Wien zu Beginn des 18. Jahrhunderts, kam es dort zu einer Konzentrierung der gesamten Liechtensteinschen Herrschaftsausübung. Das bedeutete für Feldsberg die Verlegung eines großen Teiles der leitenden Beamtenschaft, aber auch des Kunstbesitzes in die neue Zentrale. Damit war für die Stadt das Ende als Regierungssitz des Hauses Liechtenstein gekommen, nicht aber das Ende der fürstlichen politischen und gesellschaftlichen Aktivitäten. Das höfische Leben in dieser Stadt erlosch nicht, die regierenden Fürsten hielten sich mit ihren Familien immer wieder in Feldsberg auf.

Hier bildeten sich in den folgenden Jahrzehnten sehr häufig gesellschaftliche Zentren, z. B. in der Zeit des Fürsten Joseph Wenzel, 1748–1772, des »Vaters der österreichischen Artillerie«, war Feldsberg wiederholt Treffpunkt des Wiener Hofes und des hohen Adels.[177] Er hatte im Jahre 1760 die kaiserliche Braut Isabella von Parma abgeholt, bei dem festlichen Einzug

---

[177] Rudersdorf Manfred, in: Liechtenstein – Fürstliches Haus und staatliche Ordnung, von Willoweit-Press, S. 347 ff.

Nachbetrachtung 153

in Wien riefen die prachtvollen Pferde und der »Goldene Wagen« des Fürsten anerkennenden Beifall und Bewunderung hervor.[178] Dieser »Goldene Wagen« stand bis zum Zweiten Weltkrieg im Schloß Feldsberg.

Bereits Prinz Eugen war Gast in Feldsberg; im Schloß gab es ein Zimmer, das nach ihm benannt war. Fürst Joseph Wenzel zählte zu den treuesten Mitstreitern des Prinzen, unter dem er am Krieg gegen die Türken teilnahm, die Schlacht bei Peterwardein und Belgrad mitmachte und sich durch besondere Tapferkeit auszeichnete.[179] Maria Theresia besuchte wiederholt den Fürsten auf seinem Schloß in Feldsberg, weil sie die Atmosphäre schätzte. Oft bot Fürst Joseph Wenzel seinen Gästen erlesenen Kunstgenuß, Musik, Tanzveranstaltungen und Theateraufführungen.

Auf Joseph Wenzel folgte in der Regierung bis zum Jahre 1781 dessen Neffe Franz Joseph I. in der Regierung des Hauses Liechtenstein. Er war ein bedeutender Kunstliebhaber und brachte die von Baron Gundel angelegte bekannte Kupferstichsammlung ins Schloß Feldsberg. Auch Kaiser Joseph II. kam regelmäßig. Er besuchte hier später vor allem die nach Fürst Franz Joseph verwitwete Fürstin Maria Leopoldine, die er von Jugend an kannte.

Gegen Ende des Jahrhunderts kam Fürst Alois I., 1781–1805, zur Regierung. Unter ihm begann die Errichtung der zahlreichen Prunkbauten rund um Feldsberg und Eisgrub. Er plante auch eine Vergrößerung des Feldsberger Schloßparks, wie wir aus einigen Eintragungen im Liechtensteinarchiv in Wien ersehen können. Im Schloß Feldsberg errichtete er 1790 das Theater mit einem bequemen Zuschauerraum. Während des Aufenthaltes der fürstlichen Familie fanden dort Konzerte und

---

178 Herbert Haupt in „Der ganzen Welt ein Lob und Spiegel" von Evelin Oberhammer, S. 116.
179 Ebendort, S. 219 f.

Theatervorstellungen statt, zur herbstlichen Jagdzeit war regelmäßig eine Wiener Theatergruppe engagiert. Im Jahre 1790 war auch der König von Neapel in Feldsberg zu Gast.

Um die Wende vom 18. zum 19. Jahrhundert war es zur Krise des Franziskanerklosters in Feldsberg gekommen. Ursache scheint allerdings nicht die Josephinische Reform gewesen zu sein, es mangelte einfach an Klosterbrüdern. Im Jahre 1804 wurde das Kloster geschlossen, die Reliquien des hl. Justus im Jahre 1807 in feierlicher Form von der Franziskanerkirche in die Stadtpfarrkirche transferiert. Die Kreuzwegbilder waren schon vorher an die Pfarrkirche von Drösing abgegeben worden, wo sie sich bis zum Jahre 1938 befanden.[180]

Feldsberg war viele Jahre vom Krieg verschont geblieben, aber zu Beginn des 19. Jahrhunderts gab es doch im Verlauf des Kampfes gegen Napoleon in der Stadt Einquartierungen französischer Truppen.[181]

Vom nächsten regierenden Fürsten, Johann I., wurden wiederum mehrere Gebäude in klassizistischem Stil errichtet. Feldsberg und seine Umgebung waren durch die erwähnten phantasievollen Voluptuarbauten, durch die Teiche, durch die Wälder und Parkanlagen in Verbindung mit Eisgrub bereits zu einem in der ganzen Monarchie bekannten Juwel geworden. Zu den Parforcejagden des Fürsten Johannes I. kamen die namhaftesten Adeligen der Monarchie als Gäste.[182]

Nach dem Tode Johannes I. folgte sein Sohn, Alois II. Joseph, als regierender Fürst (1836–1858). Bei ihm erhielt 1848 auch der gestürzte Staatskanzler Fürst Metternich vor seiner Flucht nach England Schutz und Quartier auf Schloß Feldsberg.

Aber neben den fürstlichen Hof trat nun eine zunehmend selbstbewußte Bürgerschaft. In der zweiten Hälfte des 19. Jahr-

---

180 Pfarrchronik Drösing, S. 19.
181 Höß Karl, Geschichte d. Stadt Feldsberg, S. 80 f.
182 Liechtensteinarchiv Wien, F 1–9.

Nachbetrachtung

hunderts herrschte ein reges gesellschaftliches Leben unter den Feldsberger Bürgern. Zahlreiche Vereine wurden gegründet, die Acker-, Obst- und Weinbauschule eröffnet, die neue Schule und das neue Rathaus erbaut

1866 war in der Stadt und im Schloß für kurze Zeit preußisches Militär stationiert. 1872 bekam Feldsberg einen Eisenbahnanschluß auf der Strecke Lundenburg–Znaim.

Zur Zeit der Regentschaft Johannes II. als Fürst von Liechtenstein (1858–1929) fanden im Jahre 1876 im Raume Feldsberg die Herbstmanöver der k. u. k. Armee statt. Kaiser Franz Joseph persönlich war über diese Tage Gast im Schloß, ebenso wie Kronprinz Rudolf mit Prinz Arthur von England und Gästen aus Deutschland, wie z. B. dem Kronprinzen von Hannover oder dem Prinzen von Württemberg. Fürst Johannes II. hatte für die Dauer des Aufenthaltes des hohen Gastes das Ensemble des Wiener Carl-Theaters für das Schloßtheater in Feldsberg engagiert.[183]

Fürst Johannes II. galt während seiner langen Regierung als besonderer Förderer von Kunst und Wissenschaft, unterhielt und gründete Schulen, etwa die Ackerbauschule in Feldsberg oder die Gartenbauschule in Eisgrub und unterstützte in großzügiger Weise die Stadt und die umliegenden Gemeinden.

Der Erste Weltkrieg, der durch die Niederlage der Mittelmächte gerade für Feldsberg schicksalhafte Bedeutung hatte, forderte von der Stadt einen hohen Blutzoll. Nahezu 100 junge Männer fielen für die Heimat.[184]

Nach dem Zusammenbruch der Monarchie, im Jahre 1918, begann für den Fürsten Johannes II. eine Epoche, die er in seinem gütigen Wesen nicht recht meistern konnte. Er stand vor allem den national betonten Machtansprüchen des neuen

---

183 Gedenkbuch, Feldsberg Stadtarchiv, S. 60 f.
184 Anderka Hans, Unsere Heimat Feldsberg, S. 151.

tschechoslowakischen Staates, der Feldsberg verlangte, ratlos gegenüber. Seine leitende Beamtenschaft war unentschlossen, hatte doch der Fürst den Großteil seiner Güter in Mähren. Sowohl die österreichische als auch die tschechoslowakische Presse warf dem Hause Liechtenstein vor, jeweils mit dem politischen Gegenspieler zusammenzuarbeiten.[185]

Die Tschechen hatten für ihre Forderung nach der Besetzung Feldsbergs mehrere Gründe angegeben: strategische, ethnische, weil in Feldsberg angeblich eine beträchtliche Anzahl von Slawen lebte – die Volkszählung mit Nationalitätenerhebung aus dem Jahre 1910 widerlegt dieses Argument jedoch eindeutig. Sie ergab bei einer Bevölkerungszahl von 3402 Einwohnern 3291 mit deutscher und 54 mit böhmischer, mährischer oder slowakischer Muttersprache (so lautete die Aufschlüsselung bei der Volkszählung).[186] Ein ähnliches Ergebnis der Volkszählung hatte es bereits 1900 gegeben, die bei 3036 Einwohnern 2967 mit deutscher und 34 mit böhmischer, mährischer oder slowakischer Umgangssprache auswies.[187] Bei den slawischen Einwohnern handelte es sich überwiegend um slowakische oder mährische Arbeiter der Meierhöfe. Sicher waren darunter aber auch Angehörige des Feldsberger Klosters und Spitals der Barmherzigen Brüder.

Auch wirtschaftliche Notwendigkeiten wurden für die Abtrennung angeführt, besonders weil die Eisenbahnlinie Lundenburg–Znaim über Feldsberg ging, was eine Einbeziehung dieser Stadt in den tschechoslowakischen Staatsverband unumgänglich mache. Um dieses Argument zu entkräften, beschloß die Niederösterreichische Landesregierung in einer Sitzung am 27. Jänner 1920 das Angebot, eine Bahnverbindung

---

185 Pucsala Gerhard, Dissertation, Österr.-tschechoslow. Grenzverhandlungen 1919–1923, S. 65 f.
186 Spezialortsrepertorium I. NÖ, 1915, S. 63 f.
187 Gemeindelexikon von NÖ, 1915, S. 142 f.

Nachbetrachtung

von Eisgrub nach Voitelsbrunn, am Nordufer des Steindammteiches verlaufend, zu bauen. Dieses Angebot wurde, wie zu erwarten, von den Tschechen abgelehnt. Alle Bemühungen der Bevölkerung und ihrer Vertreter waren vergeblich, zu schwach war die Position des österreichischen Staates. Unter den Menschen herrschte Verzweiflung, in der Presse ein Durcheinander von Argumentationen, alle Proteste und Bitten der Stadt blieben erfolglos. Am 31. Juli 1920 marschierte tschechisches Militär in Feldsberg ein. Die Straßen waren leer, die Bevölkerung hatte sich in ihre Häuser zurückgezogen.

Einen Tag vorher hatte im Sitzungssaal des Rathauses in Feldsberg eine ergreifende Feier stattgefunden. Die Vertreter der insgesamt 18 Gemeinden des Gerichtsbezirkes verabschiedeten sich von ihrem alten Amtsort. Bürgermeister Nistler dankte den treuen Nachbargemeinden für ihre Anteilnahme an dem traurigen Schicksal der Stadt, Vizebürgermeister Kippes betonte, daß die Trennung durch eine neue Landesgrenze das Zusammengehörigkeitsgefühl nicht erschüttern werde, und schließlich erklärte Stadtpfarrer Tichtl in seiner Ansprache, daß er annehme, daß es die österreichische Regierung habe an Tatkraft fehlen lassen.[188]

Nach der Übernahme in den tschechoslowakischen Staatsverband kam es sofort zu einem massiven Zuzug von Tschechen in die Stadt. Der bei der Bodenreform im Gutsbereich Feldsberg konfiszierte Liechtensteinsche Besitz wurde auf tschechische Bauern aufgeteilt, die sich am Nordrand der Stadt ansiedelten. Dem Fürsten wurde hier ungefähr ein Viertel seiner landwirtschaftlich genutzten Fläche enteignet.

Von Brünn wurden zahlreiche Kinder aus dem dortigen Waisenhaus nach Feldsberg verlegt und in den Gebäuden der ehemaligen »Kaiser-Ferdinands-Nordbahn« untergebracht. Mit den Kindern kamen tschechische Lehrkräfte und Betreuungsperso-

---

188 Volkszeitung Wien, 7. August 1920, S. 3.

nal. Es wurde sofort eine tschechische Schule errichtet. Auch bei der Post, Gendarmerie, Zollwache und Eisenbahn diente fast ausschließlich tschechisches Personal. Auf diese Weise entstand in Feldsberg schlagartig eine nennenswerte tschechische Minderheit, die bald auch sehr selbstbewußt auftrat. Ein tschechischer Lehrer forderte z. B. vom Stadtpfarrer Tichtl die Abhaltung einer hl. Messe am Staatsfeiertag, dem 28. Oktober. Die Aufforderung war derart anmaßend formuliert, daß der Pfarrer sie ablehnte. Es kam in diesem Fall sogar zu diplomatischem Eingreifen tschechischer und österreichischer Behörden.

In der Folge mußte sich nun die Stadt in wirtschaftlicher und gesellschaftspolitischer Hinsicht völlig umstellen, denn sie hatte ihr Hinterland verloren. Von den Liechtensteinschen Ämtern verblieb nur die örtliche Gutsverwaltung in Feldsberg. Die Ackerbauschule wurde als tschechische Lehranstalt weitergeführt. Im Krankenhaus arbeiteten schon seit längerer Zeit überwiegend tschechische Barmherzige Brüder aus der böhmisch-mährischen Ordensprovinz. Es ist nicht geklärt, wieso Feldsberg schon vor der Abtretung an die CSR, als es noch zur österreichischen Ordensprovinz gehörte, einen überraschend hohen Prozentsatz an tschechischen Ordensbrüdern hatte. Diese arbeiteten sehr bewußt in tschechischem Sinne. Am 28. Oktober 1918 schrieb der damalige Prior von Feldsberg, P. Veremund Tvrdy, der dieses Amt seit dem Jahre 1914 bekleidete, in tschechischer Sprache unter anderem in das Gedenkbuch: »Am Gedenktag, dem 28. Oktober 1918, jubelten mit der Befreiung, der Eigenstaatlichkeit der tschechoslowakischen Heimat, auch die Brüder des hiesigen Konventes, die treuen Söhne tschechischer Mütter ...«[189]

Durch die politische Behörde der nun neuen Bezirkshauptmannschaft Nikolsburg wurde die bisherige Gemeindevertretung zwar aufgelöst, doch der 1919 gewählte Bürgermeister

---

189 Fr. Bogar Benedikt, Milosrdni Bratri, 1924, S. 169.

Mathias Nistler zum Regierungskommissär ernannt und der gewählte Gemeinderat zu einer Verwaltungskommission umgestaltet.[190] Im Jahre 1923, am 16. September, wurde die Neuwahl der Stadtvertretung durchgeführt, bei der sich aufgrund des erfolgten starken tschechischen Zuzugs nach 1920 ein Stimmenverhältnis von 1233 deutschen zu 293 tschechischen Wählern ergab.[191] Am 27. Oktober 1929 fanden Parlamentswahlen statt. Von den 1556 abgegebenen Stimmen entfielen 1172 auf deutsche, 375 auf tschechische Wähler und 9 auf eine polnisch-jüdische Partei.[192]

In einer Sitzung der Stadtvertretung am 24. Mai 1930 brachten die Mitglieder der tschechischen Parteien den Antrag ein, die Gemeinde möge anläßlich der 10jährigen Zugehörigkeit der Stadt Feldsberg zur Tschechoslowakischen Republik eine Feier veranstalten. Dieser Antrag wurde mit 20 gegen 4 Stimmen abgelehnt. Das löste natürlich eine erboste Reaktion der tschechischen Presse aus. Gegen diese Angriffe übersandte die Stadtgemeinde einen Protest an den Staatspräsidenten.[193]

Einen Fortschritt für die Krankenbetreuung kann die Chronik fünf Jahre später vermelden: Am 9. Februar 1935 wurde das Protokoll über die Zusammenlegung des Krankenhauses der Barmherzigen Brüder und des städtischen Jubiläumsspitales, das anläßlich des 50jährigen Regierungsjubiläums des Fürsten Johannes II. mit dessen großzügiger Unterstützung erbaut worden war, durch die Vertreter der Landesbehörde, der Stadtgemeinde und des Konvents unterzeichnet. Dadurch stieg die Zahl der Krankenbetten von 250 auf 310.[194]

In einer Festsitzung am 7. März 1935 zeigte die Stadtvertretung immerhin auch Respekt gegenüber dem Staatsoberhaupt:

---
190 Gedenkbuch Feldsberg, Stadtarchiv, S. 85.
191 Ebendort, S. 8.
192 Ebendort, S. 92.
193 Ebendort, S. 108.
194 Ebendort, S. 124.

Präsident T. G. Masaryk wurde anläßlich seines 85. Geburtstages zum Ehrenbürger der Stadt Feldsberg ernannt. Am 19. Mai desselben Jahres fanden wieder Wahlen in das Abgeordnetenhaus und in den Senat statt. Für das Abgeordnetenhaus entfielen von insgesamt 1766 Stimmen 1254 auf deutsche und 512 auf tschechische Wähler. Für den Senat gab es 1577 Stimmen, davon 1194 deutsche und 443 tschechische. Bei diesen Wahlen kandidierten 15 Parteien, wobei bereits die junge »Sudetendeutsche Partei« mit Abstand die meisten Stimmen erhielt: 712 für das Abgeordnetenhaus und 665 für den Senat. Bei den Wahlen für das Land und für den Bezirk war das Ergebnis ähnlich.[195]

Am 29. Mai des Jahres 1938 gab es wieder eine Neuwahl der Stadtvertretung. Es war dies die erste Wahl seit dem Jahre 1931. Insgesamt wurden dabei 1848 Stimmen abgegeben, davon entfielen auf die Sudetendeutsche Partei (SDP) 1326 Stimmen und 22 Mandate, auf die tschechischen Parteien 516 Stimmen und 8 Mandate. Erstmals fiel den Tschechen der Posten des zweiten Vizebürgermeisters zu.

In den letzten Jahren vor 1938 hatte sich in der Tschechoslowakischen Republik das Verhältnis der Volksgruppen zueinander verhärtet. Das betraf nicht nur die tschechische und deutsche, sondern auch die tschechische und slowakische Volksgruppe. In Feldsberg war man trotz aller Gegensätze bemüht, Radikalismus von beiden Seiten nicht aufkommen zu lassen. Doch zeitigten nun die Mängel der Nationalitätenpolitik im multinationalen Staat, der in Saint-Germain geschaffen worden war, ihre Folgen. Wie die Tschechen in der Donaumonarchie verlangten nun auch die Deutschen in der Tschechoslowakei nationales Selbstbestimmungsrecht. Es kam zum Münchener Abkommen. In der Folge fiel Feldsberg wieder an die ehemalige, jetzt Niederdonau genannte Heimat Niederösterreich.

---

195 Ebendort, S. 126.

Der Großteil der nach 1920 hier angesiedelten Tschechen verließ Feldsberg und ging in seine ethnische Heimat zurück. Dies traf nicht zuletzt Staatsbeamte, so tschechische Lehrer, Gendarmen, Postbeamte, Zollbeamte oder Eisenbahner. Keineswegs aber wurden sie, wie es immer wieder behauptet wird, aus der Stadt vertrieben. Auch ihre gesamte Habe konnten sie mitnehmen. Etliche Tschechen sind in Feldsberg geblieben und kein Haar wurde ihnen gekrümmt. Dem Autor selbst sind die Namen solcher Familien bekannt. Hitlers unverständlicher Entschluß, 1939 in Böhmen-Mähren einzumarschieren, schadete der Idee des Münchener Abkommens außerordentlich, da seine Gegner nun dieses mit der Besetzung des tschechischen Gebietes propagandistisch in einen an sich gar nicht bestehenden Zusammenhang brachten und die Glaubwürdigkeit Deutschlands in Abrede stellten. Dies wurde zwangsläufig zur unüberbrückbaren Hürde für Hitlers Wunsch nach Danzig und dem Korridor. Dabei stieß er nun bei seinen Gegnern auf beinharten Widerstand. Sogar ein Vermittlungsangebot des Papstes Pius XII. und eine persönliche Vorsprache seines Nuntius in Warschau scheiterten an der starren Haltung der Gegner Deutschlands.[196]

Nach dem Zweiten Weltkrieg, nach der Niederlage des Deutschen Reiches, folgte das bittere Los der Vertreibung, Zuweisung von Kollektivschuld war die Grundlage. Mit den Sudetendeutschen und den Altösterreichern wurde grausam verfahren. Auch die Bevölkerung Feldsbergs mußte alle nur denkbaren Demütigungen über sich ergehen lassen und über Nacht die Stadt verlassen, die durch Jahrhunderte ihre Heimat gewesen war. Sie mußte den ganzen Besitz zurücklassen und durfte nur mitnehmen, was man in einem Rucksack tragen konnte.

---

196 Hoggan, David L., Der erzwungene Krieg, S. 742 f.

Der entsprechende Befehl hatte, in »Beglaubigter Übersetzung aus dem Tschechischen«, für Feldsberg folgenden Wortlaut:

»BEZIRKSNATIONALAUSSCHUSS (VOLKSAUSSCHUSS)
MIKULOV (NIKOLSBURG)

Herrn ....
Valtice (Feldsberg).

Mit Entscheidung des Bezirksnationalausschusses (Bezirksvolksausschusses) in Mikulov (Nikolsburg) werden Sie samt Ihrer gesamten Familie aus dem ganzen Gebiet der Tschechoslowakischen Republik verwiesen. Demzufolge wird Ihnen aufgetragen, das Gebiet der Republik binnen 24 Stunden, d. i. bis 22. Mai 1945 10 Uhr vormittags zu verlassen. Die Nichtbefolgung wird mit dem Tode bestraft.

Ihr Vermögen verfällt zugunsten des Staates. Mitnehmen können Sie nur das zum Leben unbedingt Notwendige und zwar nur so viel, als Sie selbst tragen können.

Mikulov (Nikolsburg), den 21. Mai 1945.

Der Vorsitzende des ONV.
(des Bezirksvolksausschusses)
Unterschrift e. h. unleserlich
Text des Rundsiegels:
in deutscher Sprache: Stadt Nikolsburg.«

Diesen Ausweisungsbefehl erhielten nicht etwa Kriegsverbrecher, sondern völlig schuldlose Menschen.

Natürlich gingen fast alle Vertriebenen über die Grenze nach Österreich, da hier die meisten von ihnen Verwandte hatten. Allerdings konnte es den verzweifelten Menschen passieren, falls sie in der russischen Zone wieder ein Dach über dem Kopf gefunden hatten, daß sie von den Behörden in ein Sammellager gebracht und nach Deutschland weitertransportiert wurden. Von dem Schicksal all dieser vertriebenen, umherirrenden Menschen hat damals die Welt kaum Notiz genommen.

Okresní Národní výbor v Mikulově.

Panu

ve Valticích.

Rozhodnutím Okresního Národního výboru v Mikulově vyhošťujete se i s celou Vaší rodinou z celého území Československé republiky. V důsledku toho se Vám přikazuje, abyste území republiky do 24 hod. t.j. do 22. května 1945 do 10 hod. dopoledne opustil. Neuposlechnutí bude potrestáno smrtí.

Váš majetek propadá ve prospěch státu. S sebou můžete si vzíti pouze nejnutnější potřeby k uhájení života a to pouze tolik, kolik sám unesete.

V Mikulově dne 21. května 1945.

Předseda

7.
Quellenangaben

7.1. Archive

Diözesanarchiv Wien:
  Archiv Pfarre Feldsberg
  Archiv Altlichtenwardt
  Consistorialprotokoll 1654/56
  Diözesanrapulaturbuch 1655
  Passauer Consistorialrapulatur 1655
  Fürstlich Liechtenstein'sches Archiv/Wien
  Fürstlich Liechtenstein'sches Hausarchiv, HALW
  Gedenkbuch der Pfarre Bernhardsthal
  Pfarrchronik Bernhardsthal
  Pfarrchronik Drösing
  Pfarrchronik Feldsberg
  Stadtarchiv Feldsberg
  Mährisches Landesarchiv Brünn (Brno)
  Geburts- und Sterbematriken Feldsberg, 17. Jahrhundert

7.2. Literatur

ANDERKA, Hans: Unsere Heimat Feldsberg, 1956.

BECKER, Moritz Alois: Feldsberg in Niederösterreich, Blätter d. Vereins f. Landeskunde v. N.Ö., 1886.

BOGAR, Benedikt: Milosrdni Bratri, 1924.

BÖHMER, Johann Friedrich: Regesta Imperii, Neuauflage, 1972.

DERS.: Berichte und Mitteilungen des Alterthums = Vereines zu Wien V, VII, 1856.

ERHARD, Christoph: Catholische Brief- und Sendschreiben, 1583
DERS.: Der Lutheraner Zweiffelsknopf, 1586.

FICHTENAU-ZÖLLNER: BUB, Babenberger Urkundenbuch, Bd. I., 1950.

FALKE, Jacob von: Geschichte des Fürstlichen Hauses Liechtenstein, I, II, III, 1868/82.

FITZKA, Karl: Geschichte der Stadt Mistelbach, 1901.

Quellenangaben

FLEISCHER, Victor: Fürst Karl Eusebius von Liechtenstein als Bauherr und Kunstsammler, 1910.

GUTKAS, Karl: Geschichte des Landes Niederösterreich, 1974.

HAUPT, Herbert: Fürst Karl I. von Liechtenstein, 1983.

DERS. in: Der ganzen Welt ein Lob und Spiegel von Evelin Oberhammer, 1990.

HERZOG, Placidus: Cosmographia Austriaco-Franciscana, 1740.

HOGGAN, David L.: Der erzwungene Krieg, 1964.

HOLZER, Otto: Liebes Voitelsbrunn, 1980.

HÖSS, Karl: Geschichte der Stadt Feldsberg, 1902.

DERS.: Restaurierung der Mariensäule. In: Monatsblatt des Altertumsvereines zu Wien, I, 1905.

HUBALA, Erich: Burgen und Schlösser in Mähren, 1965.

HÜBL, Ignaz: Jahrbücher d. Ges. f. d. Gesch. d. Protestantismus in Österreich, 51. Jg., 1930/II.

KOCH, Bernhard: Die Geschichte der Münzstätte Wien. In:»Geld – 800 Jahre Münzstätte Wien«, Wolfgang Häusler (Hg.), Katalog, Kunstforum Bank Austria, Wien 1994.

KREUZER, Anton: Das mittelalterliche Feldsberg. Beiträge zur Geschichte und Landeskunde Südmährens, Heft 2/3, 1971.

MAURER, Joseph: Geschichte des Marktes Asparn a. d. Zaya, 1887.

DERS.: Monatsblatt des Altertumvereines zu Wien VI, 1903/05.

PRESS, Volker, und WILLOWEIT, Dietmar: Liechtenstein-Fürstliches Haus und staatliche Ordnung, 1987.

PUCSALA, Gerhard: Dissertation: Österr.-tschechoslow. Grenzverhandlungen 1919–1923, 1986.

SANTIFALLER, Leo: BUB, Babenberger Urkundenbuch, Bd. II, III, 1954/55.

SOBEL, Johannes de Deo: Geschichte und Festschrift der Barmherzigen Brüder, 1892.

STEKL, Johannes, in: Der ganzen Welt ein Lob und Spiegel, von Evelin Oberhammer, 1990.

DERS.: Gemeindelexikon von Niederösterreich, 1915.

DERS.: Spezialortsrepertorium Niederösterreich I, 1915.

DERS.: Topographie von Niederösterreich, 1877 ff.

DERS.: Volkszeitung vom 7. August, Wien 1920.

WEINBRENNER, Karl: Baugeschichte der Pfarrkirche zu Feldsberg im Monatsblatt des V. f. L., 1912.

WIEDEMANN, Theodor: Geschichte der Reformation und Gegenreformation im Lande unter der Enns, 1879/86.

WILHELM, Gustav: Baugeschichte d. Schlosses Feldsberg, 1944.

DERS.: »Die Rüstkammer d. Fürsten Johann Adam Andreas von Liechtenstein, 1970.

WINKELBAUER, Thomas, in: Der ganzen Welt ein Lob und Spiegel, von Evelin Oberhammer, 1990.

ZEMEK, Metodej, und Autorenkollektiv: Valtice, 1970.

ZÖLLNER, Erich: Geschichte Österreichs, 1984.

ZÖLLNER, Erich/SCHÜSSEL, Therese: Das Werden Österreichs, 1985.

Anhang

Maße und Gewichte

Längenmaße:		in Metern
Wiener Elle:		
1588		0,782.000
Wien später (wie auch in fast allen anderen Ländern der Monarchie)		0,777.558
Brünner Elle:		
1638–1734		0,782.625
Wiener Fuß:		
um 1547:	1 Fuß	0,288.000
	6 Fuß = 1 Klafter	1,728.000
um 1588–1673:	1 Fuß	0,312.000
	6 Fuß = 1 Klafter	1,872.000
1 Klafter hatte	6 Fuß à	0,312.000
	= 9 Spannen à	0,208.000
	= 72 Zoll à	0,026.000
	= 90 Fingerbreit à	0,020.800
um 1760:	1 Fuß	0,316.1023
	= 6 Fuß = 1 Lg Klafter	1,896.614

Flächenmaße:	in m²
Wiener Flächenmaß	
1 Joch (= 1600 Qu Klafter)	5.754,643.2
1 Qu Klafter	3,596.652
Mähren	
ab 1250: 1 Gewende	2.877,1938
= 8190 böhm. Qu. Ellen,	
u. zw. 210 mal 39 Ellen)	
1 böhm. Qu. Elle	
0,351.305.7	
Niederösterreich	
vor 1760: 1 altes N.Ö. Joch	
= 2 Landmetzenflächen	5.434,160

	in m²
1 alte Landmetzenfläche	2.717,080
1 alte Tagmahd für Wiesen	3.426,430
1 Lust = 1 Lüsse für Wald	1.095,120
1 altes Viertel Weingartenmaß	2.717,080
1 altes großes Achtel Weingarten-Maß	2.037,810

Gewichte:

	in kg
Wiener Pfund	
1535	0,562.746
1704–1756	0,561.642
ab 1875 metrisches System	

Schmalz, Butter:

	in kg
1 Emer	0,043.115.427
= 8 Achtel à	0,005.389
= 32 Ächtring à	0,001.347.571
= 80 Pfund à	0,000.538.942.8

Maße für trockene landwirtschaftl. Produkte:

Wien	
vor: 1670	1 m³/ 1000 Liter
1 Mut (= 31 Metzen)	1.310,680 m³
1 Metzen	42,289 m³
1 Metzen hatte:	
2 Halbmetzen à	21,140
4 Viertelmetzen à	10,570
8 Achtelmetzen à	5,285
16 Mäßl à	2,6421
1670–1700	
1 Mut	1.394,547.4
= 31 Metzen à	44,985.4

Flüssigkeiten:

	Liter
Wien	
ab 1359:	
1 Eimer	56,584

Anhang

Wien und NÖ:
1589–1774:

	Liter
1 Eimer	56,589.0
= 4 Viertel	14,147.25
= 8 Stauf	7,073.625
= 42 Aechtring	1,347.357.1
= 668 Quart	0,336.839.2

Mähren
ab 1545:
1 Mährischer Eimer   53,476.505

Quelle: Wilhelm Rottleuthner: »Alte lokale und nichtmetrische Gewichte und Maße und ihre Größen nach metrischem System.«

Im 17. Jahrhundert nachweisbare Bürgermeister

Jahr	Name	Jahr	Name
1599	Kolmann Beheim	1656	Mathias Pöck
1602/03	Geörg Stöckel	1657/58	Martin Wiegbauer
1604/05	Mathias Reichert	1659/60	Johann Fischer
1606/07	Ezechiel Khorn	1660/61	Balthasar Franzky
1611	Hans Bernhardt	1661/62	Samuel Martin
1612/13	Kaspar Stübl	1662/63	Karl Pinofzky
1616	Mathias Ecklhardt	1663/64	Georg Gotthart Gueth
1617/18	Gotthardt Prembheißel	1665	Martin Wiegbauer
1619/20	Kaspar Stübl	1666	Hanns Georg Khiebl
1621/22	Balthasar Staigl	1666/67	Thomas Salomon
1630	Wolff Gebhardt	1668	Balthasar Franzky
1631/32	Kaspar Stübl	1669	Paul Ecklharth
1634	Gotthardt Prembheißel	1670	Simon Regner
1638	Andreas Billing	1671	Georg Schmidt
1643	Thomas Ströbl	1673	Georg Gotthart Gueth
1645	Thomas Ströbl	1674	Thomas Salomon
1646	Bernhard Schober	1675	Georg Schmidt
1650	Mathes Pöck	1679	Balthasar Franzky
1651	Martin Wiegbauer	1681/82	Thomas Salomon
1652	Samuel Martin	1683/84	Johann Jörg Kiebl
1653/54	Georg Pietsch	1684	Christian Hager
1655	Martin Wiegbauer		

Privilegien für die Schuster

1688, 7. December (13. Februar 1642.) Fürstlich Liechtenstein'sche Privilegien für die Schuster zu Feldsberg ddo. /. December 1688.

WIR Johann Adam Andreas von Gottes gnaden dess Heyligen Römischen Reichs Fürst vnndt Regierer dess Hausses Liechtenstein, Von Nickolspurg in Schlesien Hertzog zue Troppau vnndt Jägerndorff, der Röm. Kay. Maytt. Würklich geheimber Rath, vnndt Cammerer etc. Thuen Kundt vnndt Bekennen vor Allermänniglich, dass vor Vnss Erschünnen die Ehrbahre Vnsser Vntterthaner vnndt liebe Getrewe Meister vnndt gesambte Zechgenossen des Schuchmacher Handtwercks, vnndt Vnss vmb gnädige Confirmation Ihrer von Weylandt Vnserem Fürstlichen Herren gross Vatter erhalten: vnndt von Vnserem Fürstlichen Herren Vattern Christmildesten andenckens bestättigten Zech Articul gehorsambst gebethen, Welche Articul von Worth zue Worth Lauthen wie folget.

WIR Carl Eusebius von Gottes gnaden, Dess Heyligen Römischen Reichs Fürst vnndt Regierer dess Hausses Liechtenstein, von Nickolspurg in Schlesien Hertzog zu Troppau: vnndt Jägerndorff, Kay. vnndt Königl. Ober Ambts Verwalter in Ober vnndt Nieder Schlesien Thun Kundt Hiermit Männiglich, für Vnss Vnsere Erben vnndt Nachkommen, dass Vns die Ehrsamben, Vnsser Vntterthanen vnndt Liebe getrewe Meister vnndt gesambte Zechgenossen des Schuester Handtwercks Hier selbst vnndt zu Paumbgartten durch glaubwürdige Abschrift gehorsambst zuuernehmen geben wie dass von Weyland Vnssers Hochseeligen Herrn Vattern Christmildesten angedenckens, Sie etlich Zech Articul von Anno Sechzehen Hundert, vnndt fünff bekräfftiget bekommen, Bey vnndt zu welchen Articuln auch die Schuster zue Rabenspurg, Eissgrub, vnndt Lundenburg, sich guttwillig verstehen, vnndt selbigen vnuerbrüchlich halten wolten. Derowegen Vnss zueerhaltung besserer Handtwercks ordnung, Vmb Confirmation derselben Gehorsambst gebetten, vnndt Lauten solche articul von Worth zue Worth Also:

WIR Carl Herr Von Liechtenstein Von Nickolspurg Herr auff Feldtsperg, Herrn-Paumbgartten, Eyssgrub, Plumenau, Prossnitz, Ausssee, vndt Tschernahor, Röm. Kay. Maytt. geheimber Rath, vnndt Landtshaubtman des Marggraffthumbs Mähren, auch fürstl. durchleuchtigkeit Herrn Matthiassen Ertzhertzogen in Österreich Cammerer. Bekhennen Crafft diess, dass Heundt dato vor Vnss erschienen seint, die Ehrsamben, Vnsere Liebe getrewe vntterthannen, die Meister Eines Ehrsamben Handtwerckhs der Schuester, in Vnserer Statt Feldtsperg, vndt Herrn-Baumgartten, mit Beywesent deren Meister, gemelts Handtwerckhs zu Poystorff, Vnndt Vnss gehorsamst zuerkennen geben, wass gestalt Sie sich wohl meinentlich auch wohlbedächtlich entschlossen zu fortsetzung gemeltes Ihres handtwerckhs Nutzen vnndt Frommen, auch zue Besserer richtigkeith vndt Verhüttung allerley Künfftiger stritt vndt Irrungen, so wohl Ihnen alss Ihren nachfolgern zum Besten, eine Zech Ordnung vntter Ihnen aufzurichten.

Derowegen Sie Vnss Vntterthänigstes Fleisses gebethen, Ihnen diese gemelte Ihre wohlbedachte Ordnung nicht allein zuuerwilligen, Sondern auch die darinnen Einuerleibte Articul gnädig zue Confirmiren. Welches Ihr gehorsambes bitten vnndt begehren, Wür vor Billich erkennet, Ihnen auch dieselbe gestalten Sachen nach, nicht abgeschlagen, Sondern gebettener massen, mit Confirmation dieser hernach folgenden articuln, wie dieselbe von Worth zue Worth Lautten, auss gnaden willfahren wollen.

Erstlichen. Wann einer Hieher kombt, vnndt Meister zuwerden begehret, es sey zue Feldtperg, Herrn-Paumbgartten, Poystorff, oder anderer Vnsserer Herrschaffts Orthen, der solle pflichtig sein, die Meister des Handtwercks darumb zubegrissen, vnndt ohn ihren auf den Handtwerckh zuarbeitten sich nichts untterstehen, sondern alle billiche gerechtigkeit halten, Es solle auch ein ieder so Meister werden will, vnndt in dass Handtwerckh eingewirbt, dem Handtwerckh von des einwerben weegen erlegen Achtzehen Kreitzer, vndt dem Jüngsten Meister, von den einsagen Vier Kreitzer. Dessgleichen da auch einer, er seye gleich von Herrn-Paumbgartten, Poystorff oder andern Orthen, zu Feldtsperg Maister werden will, solle er ebener massen mit dem einwerben, vnndt einsagen, wie vorgemelt gehalten werden, Er solle auch wehr vndt von Wannen Er ist Zeugnus, vndt dass Er von Vatter vndt Mutter Redlich vnndt Ehelich gebohren, seinen gebuhrtsbrieff neben den Lehr Brieff der Redlichen ausslehrung seines Handtwerckhs auflegen, vnndt fürweisen, daruon Er dieselbigen zuüberlesen dem Schreiber geben soll Vier kreitzer, Wofern Er aber dass Handtwerckh in Redlichen Zunfften, vnndt Handtwerckhs gewohnheit nicht gelehrnet, soll Er zu keinen Meister zugelassen werden, vnndt demnach alles Brieffs inhalt der nachgeschriebenen fünff Maister Stukhen ein völliges Benügen thun, Als nemblichen wann Einer das Leder darzu Kaufft hat, So solle es durch die Maister Besichtiget werden, ob es darzue Tauglich sey oder nicht, vnndt soll darzu nehmen eine Schöne Khuehauth, die ohne allen Mangel vndt Dadl ist, vndt eine Schöne Pokhhautt die gleichfalls ohne allen Mangel vnndt Tadl ist. Dann soll Er auss der Khüehaut, schneiden vndt ausmachen in zwey schnitten ein paar Pundtschuch, vnndt ein Langes paar stieffel, mit Einem Krumpen falcz, vnndt fünff paar solln, vndt auss der Pokhhaut soll Er schneiden, vnndt ausmachen, Ein drey gesteptes pahr Niederschuch, Ein Paar Frawen Schuch, vnndt Ein Pahr Pössel, vndt dass paar Pundtschuch, auch Frawen Schuch, Nider Schuch, vnnt paar Pössel, alles auff Khöder abgenäht, vnndt dass paar Pössel mit selbst gewachsnen für füssen, Wann Er Nun solches alles Bewehret, vnndt auf der Maister Völliges Benügen Verricht, solle Er dem Schreiber seinen Namen Jahr Zeit, vnndt Maister Recht in dass Meisterbuch ordentlich einzuschreiben geben Vier kreitzer, Jedoch aber gesetzt, Wann Einer zu Herrn-Paumbgartten, Poystorff oder andern dieser Herrschafft ohrten, Maister zu werden sich einlassen, und sein Ehr vnnd Redlichkeit (wie vorberührt ist) zubeweisen vnndt fürzulegen, So solle Er auss denen oberzehlten fünff Maister stuckhen, wie in Articuls Brieff begriffen, darauss nur drey stukh welche ihme von Einen Ersamen Handtwerckh fürgehalten werden, zueschneiden schuldig sein, Aber dieselben ausszumachen, soll Er erlassen vnd befreyet sein vnndt wann nun solches die Maister vor Recht erkennen, Alss dann soll ein jeder, Er werde zu Feltsperg, oder andern dieser Herrschaft gründen Maister, denen Maistern zu Feltsperg bey dem Zechmaister, nach seinem Vermögen ein Mahlzeith ausrichten, vndt dann zu Besserung in die Ladt Zween Gulden reinisch geben. Auch dem Zechmaister für die Bemühung Ein gulden reinisch in die Kuchen raichen. Wann sich aber Begebe, dass Eines Maisters Sohn in der Statt Feltsperg gebohrn, alda in der Statt, oder auch anderstwo, auf dieser Herrschaft gründen Maister werden wolt, oder wofern Einer des Handtwerks eines Maisters Tochter zu Feltsperg Ehelich nehmb, der oder dieselben, sollen nur zwey Maister stuckh schneiden vnndt aussmachen, vndt der andern drey befreit vndt erlassen sein. Wann auch Ein Maister auss dem Handwerckh mit Todt ableibet, so Solle desselbigen nachgelassene Wittib frey sein, vndt Beuorstehen, In Jahr, vndt tag dass Handtwerkh zutreiben, auch Ihr ein Brettmaister (da sie es begehret, vndt anders In Handtwerckh einer in arbeith stehet) Von Einem Handtwerckh Vergünstiget vnnd zuegelassen werden; vnndt wo die Maister an Jahrmarkten vndt Wochen Markten zue Feldtsperg, Poystorff, oder andern der Liechtensteinerischen Herrschafft vnndt gründen, an freyen

Anhang

Marckht, zusammen kommen, vndt faill hetten, solle zwischen Ihnen eine ordnung gehalten werden, dass die Hieigen Maister dieser Zechordnung, Ihren standt ordentlich nacheinander halten, alss dann die Laaber Maister oben an, vndt die Mistelbacher Maister vnten an, Wofern sich aber ein Maister Befindt der sein Handwerckh in redlichen Zechen vnndt Zunfften nicht gelehrnet hat, dem solle durchaus fail zuhaben, neben andern nicht gestattet, noch zuegelassen sein, Wann auch Ein Maister der sich einmahl rechtmessig, wie vor verstanden, in diese Zechordnung nieder gerichtet, es sey zu Feldtsperg, Poystorff oder andern dieser Herrschafft orthen, nachmalen sich weiter wegkbegeben will, seine Besserung weitter zusuchen, dem solle solches von Einem Ehrsamben Handtwerckh nachfolgender Condition zugelassen, auch Ihme Jahr vndt Tag Frist gegeben werden, vndt nachmahlen, dass Er von Einen Ehrsamben Handtwerckh, seinen redlichen abschiedt nehme, Auch wofern sich ein ordnung, mit dem Handwerckh sich einlassen vndt niederrichten wolle, Solle Er pflichtig vnnd Verbunden sein, alle Maister Stuckh, Inhalt des Artikels brieff wiederumb von newen zuschneiden, vnndt auss zu machen, das Maister Mahl zugeben, dass gelt in die Ladt zulegen, vndt sonst dass Werbgelt, vndt anderst vermög der Zechordnung alles von Newen wieder aussstehen, alss wann Er zuuor in der Zech nie gewesen wehre, dass soll einen Jeden Vorgehalten werden. Unndt wann an dem Jahr- vndt wochen märckhten, wass allhero zuuerkaufen fail Gebracht wierdt, so zu dem Handtwerckh gehöerig, es sey gleich Leder, Pech, oder Schmer. So solle einen Jeden in Handtwerckh, wehr es zubezahlen hatt, dauon gelassen werden, Wehr aber solches zubezahlen nicht hatt, der soll auch darzue nicht gezwungen werden; Wann Ein Meister Ein Lehr Jungen aufnihmbt, von einem Ehrsamben Handtwerckh solle derselbig, dass Er von Vatter vndt Mutter Ehelich gebohren seinen Gebuhrts Brieff auflegen, oder sich, dass Er denselben in Jahrs Frist bringen will, Pürgschaft leisten, vnndt solle der Lehr Jung denen Meistern in die Ladt erlegen Dreyssieg Kreitzer, vnndt sein Lehrmaister auch Dreissieg kreitzer in die Ladt erlegen, dem Jüngsten Maister von einsagen, Vier Kreitzer, vndt Soll sich der Lehrbueb mit zween Männern gegen Einem Ehrsamen Handtwerckh vmb Zehen gulden reinisch verbürgen, dass Er dass Handtwerckh redlich aussslehrnen will, Jedoch soll sich kein Meister, in dieser Zech Ordnung zur Pürgschafft, für die Lehr Jungen nicht einlassen, alss dann soll der Jung Ihne: vndt seiner Bürgen Nahmen einzuschreiben geben Vier Kreitzer, vnndt solle Ein Jeder Lehr Jung nach Löblichen Handtwerckhs brauch vndt gewohnheit auf drey Jahr lang, dass Handwerckh zulehrnen aufgedingt, vnndt angenommen werden, Wofern sich aber zutriege, dass der Meister vndt der Lehrbueb sich mit einander nicht betragen kunten, soll der Jung sein Noth denen Pürgen anzeugen, dieselbe sollen mit ihme zu dem Zechmaister gehen, sein Beschwer fürbringen, der solle darrinnen Handlen, so viel Ihm möglich ist, Wofern Er es nicht richten kan, solle Er Einen Ehrsamben Handtwerckh einsagen lassen, vnndt solches fürtragen, darmit der Lehrbueb nicht Vhrsach habe zuentlauffen, Wofern er aber hierüber entliefe ohne sondere Hochwichtige Vhrsachen, sollen seine Pürgen einen Ersamben Handtwerckh die Zehen gulden reinisch vnablesslich in die Ladt erlegen, Jedoch solle auch hiermit dehnen Lehrmaistern, so Lehr Jungen halten, ernstlich auferlegt und verbotten sein, Ihr Lehrbueben, wieder die gebühr vnndt billigkeith nicht zubeschweren, noch sonsten Vnchristlicher Tyranischer weisse zu halten. Wann nun ein Lehr-Jung seine drey Lehr Jahr völlig erstreckht vnndt ausgestanden hat, So soll Ihm sein Lehrmeister mit einen Newen Lehrkleidt, vnndt Mantel von Fuess auf ausstafiern, vnndt versehen, nachmahlen Ihne vor Einen Ehrssamben Handtwerckh seiner Lehrjahr offentlich freysagen, vnndt ledig vnndt müssig zehlen, vnndt solle sein Lehrmaister weegen des Freysagen, einen Handtwerckh in die Ladt erlegen, Achtzehn kreitzer, vnndt der Lehr Jung auch Achtzehen kreitzer, vndt dem Schreiber der auslehrnung frey, vndt ledig einzuschreiben Vier kreitzer geben. Zum fall aber gesetzt, da sich zutrieg, dass ein Lehrmeister, in der Lehrzeitt des Jungen mit zeitlichen Todt abgienge, solle ein Ehrsambes Handtwerckh schuldig sein dem Lehr Jungen alssbald wiederumb, Einen andern Tauglichen Maister zuordnen, darbey Er sein Lehrzeit erstrekhen kan, Wann nun Ein Lehr Jung hat ausgelehrnet, vnndt seinen Lehrbrief von Einen Ehrsamben Handtwerckh begehrt zu sich zunehmen, Solle er dauon dem Handtwerckh geben, Ein Halber Thaller, vnndt sich mit dem Schreiber vergleichen. Wer auch begehrt ein Handwerckh zusammen zufordern, vnndt einsagen zuelassen, der Solle dauon einen Hanndtwerkh zugeben schuldig sein Achtzehen Kreitzer, vundt dem Jüngsten Maister von Einsagen Vier kreitzer. Auch sollen die Maister alle quatember in die zech zu der Ladt ein Jeder gehorsamblich erscheinen, vndt Jeder Meister alle quattember Sieben Pfennig in die Ladt zur Besserung auflegen vnndt welcher dass versaumbt vnd nicht kombt vmb Zwölff Vhr, der solle in die straff geben denn Meister Fünff vnndt Dreyssig kreitzer, welcher aber ausser Gottes Gewalt nicht erscheinen kunte, der solle doch sein aufleg Geldt, wofern Er es zu weege richten kann, bei einen andern Maister schicken, damit der Ladt nichts benommen wierdt, Wo alss dann Ein Meister wieder den Andern was Vngebührliches wais, oder sonst zuklagen hatt, solle Er vor einem Ehrsamben Handtwerckh, sein Beschwer fürbringen, Allda solle einen Jeden so viel möglich gebührliche aussrichtung wiederfahren, Wofern auch es Maister, Schueknecht oder Bueb sich mit Worthen, vnndt werckhen vergreiffen in einem oder dem andern, es seye bey dem Handtwerckh auch sonsten anderstwo vngebührlich verhalten wierdt, der solle nach erkandtnus der Meister, vnndt nach gelegenheit seines Verbrechens gestrafft werden. Wofern auch ein Meister den andern, in dieser Zech ordnung einuerleibt, sein gesündt, aufreden, vnndt abwendig machen wurde,der solle von Einem Handtwerckh, darumben gestrafft werden, auch alssbaldt, dass gesündt, so Er aufgeredt hat wieder wekh thun, vnndt soll er nicht lenger fördern, dergleichen solle es auch also von Vnssern mit werckhgenossen gehalten werden, mit Ihren Gesündt.

Wann ein Schueknecht, oder Bueb hieher gen Feldtsperg kombt, so soll dieser auf die Herberg gewiesen werden, vnndt Keiner solle Ihm vmb Arbeit zusprechen ohne Vorwiessen des Vatters, vnndt so Sich auch ein Schuch Knecht oder Jung vntterstehen würde, seinen Meister, oder andern Meister sein gesünd oder dirnen Vnbillicher wais, mit verbottenen Worthen zu Schmähen, der soll nach erkandtnus der maister gestrafft werden. Wofern sich auch zutriege, das ein Schuhknecht oder Bueb Vierzehen taag vor Weyhnachten, Ostern, Pfingsten, oder Vierzehen Taag von einen Jahrmarckt wandern wolte, So solle dass keinen zugelassen werden, wofern Er aber nicht bleiben wolt, soll Er dem Meister Ein wochenlohn zugeben schuldig sein, dessgleichen wann Ein Maister einen vor der Zeit wandern wolt lassen, solle Er Ihme Gleichfahls dass Wochenlohn zugeben verbunden sein, Es Solle auch kein ge sündt an einem Montag wieder der Maister wissen vnndt Willen nicht feyern, und solle hiemit durch dass Gesündt Blawen Montag zu machen aufgehebt sein.

Ob auch Einer oder der andere Meister zu den Jahr- vndt Wochenmärckten, gen Feldtsperg, Herrn-Paumbgartten oder Poystorff khommen, vnndt Schuch fail halten, so Sollens die allhiegen Meister beschawen, vnndt welche verbrendts Leder hetten, oder sonst nicht würcklich gemacht wehren, ist von Einem Jeden solchen Mangelhafftigen Paar stieffel Drey Kreitzer von einem paar Frawen Stieffel zwey kreitzer, vndt von einem Pahr Nieder Schuch Ein kreitzer, vnndt wass man dauon bekombt, solle Halbs in die Ladt vnndt halbs zuuertrüncken genommen werden, Wenn man aber wenig abnimbt solle es gar in die Ladt gelegt werden, Auch solle sonst alles andere Straffgeldt so erlegt wiert Halbs in die Ladt vnndt Halbes zuuertrünkhen genommen werden, ittem es solle auch der Verordnete Zechmeister alle Jahr einmahl zue einen ernanten Taag einen gantzen Ehrsamben Handtwerckh, Alles empfangs, Einnehmbens, auch aussgebens, damit mann sehen kan, wie die Ladt zu Besserung kombt, Ordentlich Reuttung zuthun schuldig sein vnndt Wann nun dass Jahr herumb kombt, So solle dass Handtwerckh einen Tauglichen Zechmaister setzen, oder den alten Zechmaister, da es ein Handtwerckh für gutt erkennen von Newen wieder bestatten, bey dehme auch die Ladt in Verwahrung bleibt, vnndt Ihme einen mit gehielffen zuordnen, vnndt solle Alle Zeith den Jüngsten maister, alss der am newlichsten in dass Handtwerckh kommen, dass Einsagen zuuerrichten auferlegt werden. Ittem wofern sich auch zutragen wurde, wie dann viell beschicht, dass sich Ihre etliche vntterstehen, die dass Handtwerckh nicht gelehrnet, noch können, zue den Wiedertauffern lauffen, von Ihnen die Newgemachten Schuch nehmen, Vndt sich mit denselben auf den Liechtensteinischen Herrschafften, vnndt gründen Allenthalben hin- vnndt wieder vntterschleiffen, vnndt wiederumb in den Heussern Störer weisse verkauffen, Welches weder Ihnen noch auch sonst keinen Redlichen Maister nicht gebühret, dardurch den Armen Vntterthannen, vnndt Redlichen Maistern dess Handtwerckhs, an Ihren Handtwerckh vnndt Nahrung, nicht wenig geschwächt vnndt geschmällert, dass Brodt von dem Mundt abstrickhen, vnndt Sie mit Weib vnndt Kündt in Armuth setzen.

Wofern nun solche oder dergleichen Persohnen, oder auch Sie die Wiedertauffer selbst Betretten würden, so gemachte Schuch, Stieffel vnndt dergleichen Arbeith auf Vnssern Herrschafften oder Liechtensteiner grundt einschleiffen, dennen solle sollches genommen, vnndt zue Hielff vnndt sterckung des Handtwercks in die Ladt gegeben werden, darzue Ihnen iedes ohrts Richter vnndt nachgesetzte Obrigkeiten, Wann sie darumb ersucht werden, allen gutten Schutz vndt Hilff erzeugen, darob Handt halten Helffen, vnndt zue Würklicher Vollziehung mit aussrichtung erscheinen.

Dessgleichen solle es auch mit allen Meistern, Schue Knechten, oder auch sonst allen andern Wehr sie wollen, so in dieser Zechordnung nicht einuerleibet, vnndt sich auf Liechtensteinischen Herrschaften, vnndt gründen Störerweiss, ain- vndt vntterschleiffen vntterstehen, gehalten werden, dass Sie mit Hielff der Obrigkeith eingezogen, Ihnen alle Arbeith vndt wass darzue gehörig genommen,

Anhang

zue Stärckung der ladt übergeben, vnndt darnach die Störer ab- vnndt Hinweeg geschafft werden, Ob sich dann auch ferner zutrüge, dass sich ein Wiederwillen, Vnainigkeith vnndt Zwitracht zwischen den Maistern, oder Schuchknechten, in der Wochen an den Jahrmärckten, oder sonst so Ehr vnndt Trew berühret, oder sonst einige Clag fürkäme, die soll von den Meistern des Handtwerckhs zue Feldtsperg, verglichen, vnndt gemittelt werden, vnndt welcher darinnen straffbahr, vnndt Vngerecht erfunden wierdt, der Solle nach seinen Verbrechen, vnndt erkandtnus der Maister gestrafft werden, Beschliesslichen vnndt zum Letzten, Wofern sich auch einer oder mehr gegen den anderen Vergesse, vnndt Hochwichtige vnndt Verbrechliche Handlung Vbeten vnndt Verbrächten, die sollen auch doch mit Vorbehalt Vnserer, alss rechten grundtherrn vndt Obrigkeith, Fahl vnndt Wandel, auch durch die Maister gleichfahls nach erkandtnus gestrafft werden. Alles gnädiglich ohne gefehrde. Doch wollen Wür Vnnss, Vnssern Erben vnndt Nachkhommen, hiermit aussdrucklich Vorbehalten haben, diese Ordnung in einen oder anderen Articul, zu endern, zue Bessern, oder gantz vnndt gahr abzuthun, zu Cassiren vnd allerdings aufzuheben, Wann vnndt zu welcher Zeith, Vnnss oder Ihnen solches Belieben möchte, oder sonsten nach ansehung vnndt gelegenheith der Zeith es die Notthurfft erforderte. Dessen zue Vhrkvndt vnndt mehrer Bekräfftigung Haben Wür Vnsser aigen handtschrifft neben Vnssern anhangenden Insigell Herunter gestelt, Geben vnndt Geschehen in Vnserer Statt Feldtsperg, am Heyligen Palm Sontag, war der dritte Taag des Monaths Apríis in Jahr Christj Gebuhrt Vnsers Erlösers, vnndt Seeligmachers, Ain Taussendt Sechs Hundert vnndt fünff. etc.

Wann Wür dann angesehen Ihr Billiches Bitten; Alss Haben Wür auch Hierein gnädig Gewilliget; vndt Confirmen vnndt Bestettigen solche Hiermit, vndt Crafft dieses Brieffs, vnndt Wollen, dass selbige Hinführo mechtig vnndt Kräfftig sein, auch von Einem Ehrsamben Handtwerckh der Schuester vnfehlbar gehalten werden sollen, vndt gebitten darauff allen vnndt ieden Vnssern itzig. vndt Künfftigen Ober Regenten, Pflegern, vnndt Officirern, auch dem Rath allhier, dass Sie vorbenambte Vnsere Vntterthannen, des Schuester Handtwercks Bey obgemelten Articuln, in keinerley weisse vndt Weege nicht irren, sondern sie darbey von Vnsertweegen, Festiglich Schützen, Schirmen, vnndt geruglich verbleiben lassen sollen, Alles gnädiglichen ohne gefährde. Doch Wollen Wür Vnnss Vnssern Erben vnndt Nachkommen, hiermit ebenfahls aussdrucklich Vorbehalten haben, diese Ordnung, in einem oder andern Articul zu endern, zuebessern oder gantz vnndt gahr abnzuthun, zu Cassiren, vnndt Allerdings aufzuheben, Wann vnndt zue welcher Zeith Vnss oder Ihnen solches Belieben möchte, oder sonsten nach ansehung vnndt gelegenheitt der Zeitt es die Notthurfth erforderte. Zue Vhrkhundt dessen haben Wür Vnss mit aigener Handt vntterschrieben, vndt Vnsser Fürstliches grösseres Insigell hieran hangen lassen. Geben auf Vnserem Schloss Feldtsperg den Dreytzehenden Monaths Taag February dess Sechzehen Hunderdt zwey vnndt Vierzigsten Jahrs.

    Carl Eusebius Fürst von Liechtenstein.
    Jakob Roden von Hiertzenau,   Ad Mandatum Celsitudinis
        Cantzler.   suae proprium
                                      Martin Hutter Secretarius

Wann dann so Thane Vntterthänige Bitt der Billigkeith gemäss ist, die Articul auch zue Fortpflantzung gutter Policzey gereichen. Alss Confirmiren vnndt Clausuln Hiemit vnndt Crafft dieses Brieffes gnädig Willfährig, vnndt wollen, dass Sie allerdings mächtig vndt Kräfftig sein: auch von Einem Ehrsamben Handtwerckh der Schuechmacher ohnuerbrüchlich gehalten werden sollen, Gibitten Hierauff allen vndt Jeden Vnseren ietzigen vnndt Künfftigen Ober Regenten, Pflegern, Officirern, auch dem Rath allhier, dass Sie mehrerwehnt Vnsere Vntterthaner dess Schuchmacher Handtwerckhs, in solch Ihren Articeln auf keinerley Weisse irren, sondern Vnsertwegen darbey festiglich schützen, Schirmen, vndt geruhiglich darbey verbleiben lassen sollen. Alles gantz Trewlich sondern gefährde. Doch wollen Wür Vnss Vnseren Erben vndt nachkommen, hiemit ebenfahls aussdrucklich Vorbehalten haben, diese Ordnung in Ein oder andern Articul zue ändern, zu bessern, zum Theil oder gantz vnd gar abzuthun, zu Cassiren vndt aufzuheben, wann vndt zu welcher Zeith es Unss oder Ihnen Belieben, oder sonst nach Zeith vndt gelegenheith die not thurfft erfordern möchte. Zue Vhrkundt dessen Haben wir Vnss mit aigener Hant vntterschrieben vndt Vnser Fürstliches grösseres Insigell hieran hangen lassen. Geben auf Vnserem Schloss Feldtsperg den Siebenten Monaths Taag Decembris dess Sechzehen Hunderdt Acht vnndt Achtzigsten Jahrs.

                                                           JaafvL m/p.

Anhang

Pollicey-Ordnung

Vnndt Ordnung Wie eß bey der Fürstl: Liechtenst: Herrschaft Feldtsperg bies dato auf allen Flecken gehaltten= und vorgelößen worden. 1623.

WIR CAROLUS EUSEBIUS VONN Gottes Gnaden, des Heyl: Röm: Reichs Fürst unndt Regierer des Haußes Liechtenstein, vonn Nikolspurg, in Schlesien zue Troppau = und Jägerndorff Hertzog, Thuen unßeren Untterthannen sambentlich zue wißen, nach dem Wür glaubwierdig berichtet worden, was Übel ungebiehr bißhero bey euch in Schwung gangen, dardurch nicht allein Gott dem Allmächtigen höchlich zue Verachtung gehandlet, Sondern auch alle guette Mann Zucht erloschen, unsere Unthertannen zue mercklichen abbruch und Schmölerung Ihrer Nahrung khommen, uns aber als Herrn und Obrigkeit nicht allein von Ambtsweegen Sondern auch zue beförderung Gottes Ehr undt Unßere Unthertannen Wohlfarth gebühren will, billiche Enderung = und Abstellung der Mißbrauch und entgegen zue ordnen Christlicher = und Löbl: Sitten, als haben wüer auch nachfolgende Statuta = und Satzungen obgedachter Übel füer zuekhommen geordnet = gesetzt = und gemacht. Als ist an dieselben Unßer beuellich, daß sie dem Gehorsamb damit sie unß zue gethann bey Vermeidung unser schwören Straff mit allen Fleiß nachkommen.

Straff der Gotts Lestern.

Nach dem das grewliche Scheltten = undt fluchen allzusehr ein gewurzelt, so befehlen Würr, daß wehr dessen thuet = oder betretten würdt, der Solle onn alles ansehen der Perschonn an das Creutz, anderen zum Exempel offentlich gespant werden.

Damit die Predigen unnd der Gottes Dienst besuecht werden.

Dieweill würr arme Creaturen, ausser dem Lob= und Befehlich Gottes wegen Erkhennung = und erlehrung Gottes Worths des Himmelreichs nit theillhaftig werden khönnen, So befehlen wür hiemit und wollen, daß alle unsere Untterthannern zur jeden Sonn = undt Fewertägen so durch den Herrn Pfarrer verkhündigt werden, die Küerchen undt den Gottes dienst jeder = Zeith fleisig besuechen undt außer Sondern ehrhafften nit außen bleiben, da aber einer = oder der ander, auf der Gassen mießig Stunde, sowohl ander faullen Händel nach gienge, oder etwo bey Brandt: landwein oder Bürr befunden wurde, derselb soll durch unsere nachgesezte umb des trancks so am Zapfen gehet oder unter der Predig etwas verkhaufft, gestrafft undt noch in dem thüerm ernstlich verhafft werden.

Unß = Undt unßere Haubtleuth an denen Fewertögen unüberloffen zuelassen.

Wür wollen auch, daß Hinfüro unsere Untterthanner uns oder unsere Haubtmann an Sonn = und Fewertögen unüberlassen lassen, sondern da Einer = oder der ander etwas fierzuebringen, der khönne in der Wochen entweder an Mitwochen= oder Sambstögen, da solle er füergelassen werden, und alle guette Ausrichtung beschehen.

Daß man Kein Zusammenkhunfft auser der Kürchen zur Zeith der Predig halte.

Gleichfahls wollen wür auch, daß hinführo zur Zeith, daß man in der Küerchen den Gottesdienst versüht, kein weltliche Zuesahmenkunfft gehalten werde, bey Straff: und ungnad nach eines ieden Verbrechen.

Wie mann sich gegen denen Kierchen Dienern verhalten soll.

Unndt nachdem die Prediger Göttlichen Worths, auch andere Schuell = und Kürchen Diener in toppelten Ehren gehalten worden, solle auch ein Arbeitter/: wie Christus saget/: seines Lohnes würdig ist, So befehlen wüer hiemit Ernstlich, daß mann den Pfarrer in gebührenden Ehren halte, Im nit schmehe = oder schende, Ihme auch das, so mann ihm billich undt vonn alters hero, es sei Züns, Pfarrgerechtigkeith, oder was dergleichen zue geben Schuldig ist, zue rechter Zeithenuhr sich an Ihnen ligenden Güttern nit ver greife, da aber was hierüber beschehe undt hier auf unßere Richter: und andere Obrigkeiten umb einsehung angeruffen wurden, sol er dieselb gantz: und ernstlich thun, auch wieder die Verbrecher mit ernstlicher Straff verfahren.

Die Hochzeitten am Monntag zu haltten.

Damit man in kheinerley weeg von dem Christlichen Kierchgang verhindert werde, So wollen würr, daß jeder Zeith am montag umb 2 Uhr nachmittag solches angestellt werde, dann werden würr auch vor gewiß Berichtet, daß bißhero sich bey denen Hochzeitten ein solch Laster undt unzichtig wesen in Schwung gangen, Sonderlich mit dem

Haussieren auf offentlicher Gassen mit Vollsaufen: und anderer Leuchtferttigkeith. Also wollen würr hiemit ernstlich bey Straff zehen Ducaten solches abgeschafft = und eingestellet haben, wurde aber Richter diß gestatten, Solle Er 20 Ducaten alsobaldt zuerlegen Schuldig sein. Entgegen Befehlen würr, daß sich auf denen Hochzeitten Meninglich Ehrbahr: undt Zichtig verhaltten, welches zue nicht anderm als zue der Ehr Gottes gereicht undt Sonderlichen Solle das Alter die Jungend Straffen = und unterweißen.

Von der Schuell= und Kinder Zuecht.

Unndt die weill Christus sagt, laßet die Kündlein zue mirr khommen, dann ihr ist das Reich Gottes, So befehlen wirr hiemit ernstlich, daß ein jeder seine Künder von Jugend auf nicht zur müssig gang gehen, zum Vollsaufen = Spillen undt anderer fleischlichen Unort erziehe = und gewehnen lasse, Sondern zur Schullen halte, undt damit sie den Lehrnen desto baß: undt fleisiger aufwartten mögen. So wollen Würr, daß ihrs aller andern Handt Arbeith die Zeith wann sie in der Schull sein sollen Gäntzlichen bemüßiget, da mann aber diesen unsern gebotten Zue wieder, daß würr uns gleichwohl nit versehen, und die Jugend nicht zur Schullen haltten, Sondern zue muthwilligen gassenhauen, die mann Volgendts nicht zum guetten Genüssen könnte geratten laßen, da mann Mädlein = oder Bueben auf der Gassen antreffen wurde, die sich vollgesoffen oder sonst muthwillige Unzucht = oder Boßheit getrieben, solt Richter stracks ihre Eltern erfortern und sie wie Erzehlt, als Gottes Lesterer an Stadt der Khinder, so sie in der Zucht verwahrloßt, straffen, weill auch Pfarrer von seiner geistlichen Obrigkeith befehlich empfangen alle Sontag nach der Vesper den Cathachismum zuehalten, Daselbst Knaben= und Madlein auf denselben zu examminirn und alle Zeit eine kuertze Vermahnung zue thun. So wollen würr,daß alle Schuellmeister in der Wochen drey Stundt allein, mit dem Cathachismum bey der Jugend zuebringen, undt als dann an ermeldten Sontagen = und Stunden in die Kürche beleitten, diese aus demselben aufzuestellen, den Cathechismum zue Recitiren, welche der Pfarrer darfür die Wochen vorher verschaffen undt was sie recitiren sollen denen füer Schreiben würdt, wie nun dieses ein heilliges werckh= undt die Gottes Forcht ein Anfang der Weißheit ist, also werden die Eltern ihren Kündern ein gueth Exempel füertragen und mit sambt ihrem Gesindt bey dergleichen Christlichen Untterweißungen sich fünden lassen.

Vonn der Kinder Tauff.

Nachdem würr auch in Glaubwürdige erfahrung khommen, daß sich der Khünder Tauff halber viell= und mannigfelttige Unrichtigkeitten zue getragen, welche ohne der Khünder Gefahr = und ohne große Beschwerung der Eltern nicht beschehen mögen. So gebietten wür hiemit unsern Untterthanner, daß sie ihre Khünder, wann dieselben gleich vor Tauff frisch = und gesund, ungetaufft nit ligen lassen, Sondern alsobaldt die H: Sacrament an die Hand nehmben = und Ihre Khünder tauffen lassen, da aber imer unßer Gebott wierd übertretten und das Khünd durch aufzug ohne Tauff sterben wurde, soll derselbe ohne Leib = undt gueth, ohne Barmhertzigkeit gestrafft werden. Es soll auch ein täglicher dem Pfarrer = oder seinem Capelann von der Tauff = Beucht: und Begröbnuß die uhr alte gebühr, so mann Stolam inehat, unwaigerlich nach eines jeden Vermögen unbeschwerdt reichen = und geben.

Daß dem Riechter = undt anderen Nachgesetzten Obrigkeitten gebührlich Gehorsamb = und Ehrerbiettung geleistet werde.

Nachdem auch Bißhero unsere nachgesezte Obrigkeitten als Richter: und und andere von Ihr villen unsern Untterthannen nicht allein Schlechter Gehorsamb geleistet, Sondern sie auch gar verachtlich gehalten, unß aber gebüehren will, ob unsern Richter = und nachgesezten Obrigkeitten Hand zue haben undt ihr Reputation der weill sie uns vetretten zue schützen, So wohlen= undt befehlen hiemit, daß hinführo Menniglich unsern Untterthannern alle gebührliche Ehrerbittung erzeuge, Sie als ein Ordentliche Obrigkeith halten = und Ehren, Ihnen auch billich Gehorsamb und Volg leisten, da aber einer Es sei ein weibs = oder manß Perschonn hier wieder befunden wurde, solle Richter mit allen Ernst undt bey Ihren Pflichten hiemit auferlegt sein gegen denselben mit Ernster Straff zueverfahren undt hierinnen Niemand zu verschonen. WÜRR wohlen auch, daß unsere Untterthannen Ihr Sprüch = und Anforderung gegen ein ander zue haben vermeinen, Ernstlich vor Richter = und Burger ersuechen, wo aber als dann über derselben Abschiedt einer Beschwerdt zue sein vermeint, mag Er für mut: und Ehre nit kommen.

Daß ein Jeder auf deß Richters erforderung also baldt erscheine.

Wann auch der Richter In Sachen der Gemain oder die Herrschafft betreffent durch seinen Pothen die Gemain sambentl: oder einen daraus erfordert, soll meniglich der doch nit über feldt oder also krankh, daß Er nit ausgehen könnth, gehörd: undt miglich erscheinen, welcher aber sich nit Strackhs darzue verfügete und über die Zeith ausbleiben wurde, es wehre dann sach, daß Er in der Kürchen= oder in Herrngeschäfften oder etwa krankh wehre derselb soll dem Richter unnachleßig verfallen sein.

Daß mann der Herrschafft die schuldigen Gaaben Zue Rechten Zeit Reiche.

Dieweill bieshero ein großer Ungehorsamb wegen Reuchung der gaaben erschienen, daß also nit allein unsere Untterthannen Ihre Fexungen sei Wein = und getraydt verthann undt übel angeleget, daß sie also weeder gaaben noch andere Schulden bezahlen können, undt da sie gleich zum öffteren zur Bezahlung vermant worden aber leuchtlich in Wind geschlagen nachmallens mit denen Verordneten so es einbringen sollen zue Hadern = undt Zanken angefangen, die Obrigkeith herdurch verachtet undt ihre habende Auflag desweegen geschwecht wierdt, so ordnen: und sezen würr hiemit ernstlich, daß wann einer Er sey gleich unser Untterthann woher er wolle, auf erstes = anders undt drittes anfordern das Geld oder die Gaab nicht reicht, so solle er strackhs ohne alles ansehen in Gefängnuß = und Verhafft genohmben undt soher nit bis der selb noch das halbe Theill es betreffe die Anforderung vill: oder wennig darzue erlege, herausgelassen werden.

Daß ein ieder Sein Viech aufs Schloß anfaille

Wann auch inhiero ein Viech, als Ründer = Schaff = Gaiß = undt Schwein faill wurden, der Soll es vor allen andern aufs Schloß unserm Pfleger anfaillen, da solle ihme daselb, wo würrs anders zuekauffen Vorhabens erbahrlich = und Treulich wie mit ihme beredet würrdt bezahlt werden, welcher es nit thötten, soll uns das Viech verfallen sein.

Daß mann die Robath Treulich verichte.

Gleicher gestaldt wollen würr auch, daß uns hinführo die Schuldige Robath, wann würs von alters herkommen begehren, Treulich: fleisig und durch taugliche Perschonnen, wie es einem ieden seinem guett nach gebüehrt = und Schuldig ist, verrichte, daß auch Richter = und Viertlmeister bey ieder Robath selbst sein, da aber hiewider einer ungehorsamb erscheine als offt er nicht zue rechter angesagter Zeith, als Sommer: Herbst: und Friellings Zeith fruehe umb 6 Uhr, wintters Zeith umb 7 Uhr zur Robath komme. versaumbt er ein stundt oder mehr, ist einer zue Hauß soll Er 6 kr: ist es aber einer mit Rossen 12 kr: bleibt er aber denn gantzen tag auß oder schickt nicht eine taugliche Perschonn zue Robath, ein Fuesgänger 16: undt einer mit rossen 30 kr: denn Haubtmann undt Richter oder der an deß Richters Stadt zue Robath verordnet, mit ein ander verfallen sein, wurde auch Richter= und Viertlmaister hinführo nicht alles Ernstes drob sein, damit unß die Robath, wie obstehet verichtet werde, sollen sie wissen, daß würr gegen Ihnen mit Ernstlicher Straff verfahren wöllen.

Verbott daß Unßere Unttterthannen unßer Gehöltz, wildtpahnen, Junge Maiß undt Teucht nit Frieden lassen.

So befehlen würr mit Ernst, daß sich wider unser Verwilligungen in denen uns zue gehörigen Wäldtern das Holtz meistens Klauben undt andern ungebührlichen untterfangs untterstehe, und sich in wenigsten begreiffen laß, vill weniger einen Hundt mit sich in Waldt, bei großer Straff, wür wollen auch nit daß Ihr euer Viech undt sonderlich in den jungen Maissen weidet weillen auch die Gais dem Holtz ein Schauer ist, so befehlen würr daß, wehr dergleichen Viech hat, daß Ers zwischen hin umb St.Johannes Babista wegkthue, wurde es aber nit beschehen undt hierüber einer begriffen wurde, der soll unßerm Waldt Reither verfallen sein. Dann wollen wür auch verbotten haben, daß sich unsere Untterthanner des geiaidt = undt waidwercks enthalten bei zehen Gulden Straff. Würr wollen auch nit, daß Ihr aus Prenn = undt Pauholz weinsteken machet, der darüber begrüffen wüerdt, der ist dem Waldt Reitter Straffmesig undt 1 fl verfallen.

Damit ohn Unßer Vorwißen undt aufgeben keiner weeder weingartten nach Acker mache.

Ferner nach dem auch bießhero sich schir Menniglich untterstanden, wo ihme Gelust undt gelangt,weingartten = acker = undt gartten zue machen, die weill aber der Grundt uns zugehörig wür auch wissen wollen, ob solches uns oder Jemand anderen hoerinnen nit zue Schaden beschehe, Also befehlen würr, daß Hinfüehro kein dergleichen Grundt von einem gemacht = undt zue gericht werde, Es geschehe dann mit unserm = oder Nachgesezten gutten Vorwissen, der Grundt

Anhang 185

werde auch ordentlich, ins Urbar eingeschriben undt ein Dienst darauf geschlagen. Da aber einer diesem zue wieder sich untterstehen wurde, soll der Grundt uns verfallen undt unserm Haubtmann, was solcher werth, noch darzue in Geld verfallen sein.
Daß die Kheuff = undt Verkheuff der Uns dienstbahren gründt von unßerm Haubtmann = undt Rentmaister beschehen.

Nach dem sich auch bießhero allerley Unordnungen weegen der uns dienstbahren gründt welches an unßern Herrn Forderung nit Schlechter abbruch zue getragen, so wollen würr zue Fierkhommung denselben allen so dienstbahren Gründt von uns besitzen, hiemit gebotten = undt auferlegt haben, daß derselben einer einen Grundt, es seye verkauffen = versetzen = vermachen = vertauschen oder in wesweegen vorkhumern wolte, daselbe ieder Zeith vor unserm Haubtmann = und Rentmaister thue, auf daß der Khauffer ordentlich an die Gewöhr khomme, undt gedachter Khauffer = undt Verkhauffer fürr das Gewöhr Geld von ieden Gulden Zwey pfennig erlegen, wurde sich aber hierwider Einer in Einige Handlungen einlaßen, also offt der Verkhauffer und Khauffer 14 Tag an die Gewöhr zuekhommen untterlassen, so offt sollen Beide Thaill über das Ordinary gewöhr geld einen Gulden reins: zuerlegen schuldig sein, blibe aber die Sachen über das halbe Jahr anstehen, so soll Ihnen der Grundt heimbgefallen sein,ihres gefahlens doch unß an unsere Herr Forderung untergrüffen damit zue thun = undt zuehandeln.

Wie eß mit dennen Inleuthen solle gehalten werden.

Würr wollen undt Befehlen hiemit allen unsern Untterthannern, daß sie die Inleuth so bey Ihnen aufhaltten und uns noch nit zuegesagt haben zue gehorsamben, daß sie dieselben zwischen hin umb mit fasten all abschaffen undt über unserm befehlich hinfüro keinen ohne unsers Haubtmann Vorwissen bey sich leyden wurde aber Einer hierüber Betretten daß er einen Inmann wieder unßer Bewilligung 14 Tag aufhielt, so offt soll er unserm Haubtmann = oder Richter 30 kr: Straff unnachlassung verfallen sein.

Nachdem uns auch vorkommen, daß etliche Inleuth: undt Pürgknächt bießhero mit Todt abgangen, weingartten: undt andere Untterhalt verlassen, würr auch nit wissen wo solche angewendet oder hinkommen, undt sonderlich wo kein Erb vorhanden, Als wollen würr Ernstlich, daß dergleichen Perschonnen künftig sturben, unß oder unsern Verwaltter berichten, auf welche würr dann die ferner Nottuerfft verordneten wollen, wurde es aber nit beschehen undt durch Richter = undt Burger verhaltten, die sollen nach Ungnad an Leib: undt Gueth gestrafft werden.

Von Huererey = undt Unzucht.

Dem nach wollen = undt Befehlen würr, daß ob Perschonnen, so mit dergleichen Lastern verueft undt beschryen werden, alhir sich enthieltten, daß Richter dieselben alsobaldt hin wegk schafft darzue hinführo sein fleisigs aufmörcken haben, da Er dergleichen erfüehre = oder Inne wurde, daß Er die verargwontten = undt verdächtlichen Perschonnen strackhs bey seinen Aydts Pflichten des Dorffs verweiße, da aber einer auf seinem Befehlich nichts geben wolle, uns Sie anzeugen soll gegen denselben mit Ernstlicher Straff verfahren werden. Glaubwürdig khombt uns auch füer, wie daß sich die ledigen Khnecht bießhero untterfangen nächtlicher weill so wohl auch Beym Tag mit Spilleuth gaßen hauen gehen, unßer Untterthannen Ihre Knecht zue Faullheith = undt ungehorsamb reitzen, Ihr selbst Arbeith undt andere gutte Exempel verheuern = undt verligen lassen aus welchen leuchtferttigen Handl nichts als Hurerey = undt Unehrbarkeith entstehet. Als befehlen würr hiemit unsern Richter, daß Er auf der gleichen Gesellen acht gebe, undt wo Er sie betritt, sambt dem Spillmann undt würth, der ihm Unterschrifft giebt, nehmben = und in gefängnuß werffen nachmahls unsern Hbtmann vermelden, der es nach der Beschaffenheit der Sachen straffen wüerdt, wurde aber Richter, diesen nicht nach khommen, solle Er anstadt derselben Per: 10 fl: ernstlichen gestrafft werden.

Daß Spüell umbs Geldt verbotten.

Es solle auch niemand,vill = oder wennig, Es sey mit würffel = oder Kartten umb geld, ausser der Jahrmarckt = oder Kirrichtag zue Spillen erlaubet sein, wurde aber einer betretten der soll strackhs durch den Richter aufgehöbt undt solang hinwegk gelegt werden, biß er dem Richter ein Gulden erleget habe, der Haus würth auch, bey dem sie das Spill zuegetragen = undt nicht abgeschafft, soll allweg dem Richter 2 fl verhalten sein, wür wollen auch hiermit gäntzlich verbotten haben, an den werichtagen die Schänckhheußer mit Spillen = und anderen dgleichen Sauffereyen bey Straff zue meiden.

Anhang

Daß Keiner dem andern Sein Gesinde über Nacht aufhaltte.

Es soll auch keiner dem andern sein Gesündt über Nacht aufhaltten, wehr dasselbig thuet, soll dem so Er das Gesindt aufhalt 30 kr: undt da er sich darumben beklagen ließ, dem Richter einem halben Gulden: verfallen sein.

Daß khein Müeßig gehendts Gesindt gelitten werde.

Würr wollen auch, daß hinführo die Richter keine garttende Kriegs Leuth, Pettler = Fidler = und dergleichen Spilleuth, so sich mit faullen = und unehrlichen Handierung und Arbeith nehren = oder was sonst müsig gehendes heren los gesündt über tag undt nacht leyde sondern abweg Schaffe wurden sie nicht alsobaldt gehorsamben, so mögen solche des Dorffs durch dem Richter verwißen werden.

Von denen Handtwerckhs= undt Pauleuthen.

Eß khombt uns auch füer, wie daß die Handtwercker, so denen Leuthen zum Geben umbs Lohn arbeitten, mit dem Lohne und sonsten nit allein zum höchsten Beschwerdt sein, Sondern sich alles fortels gegen ihnen gebrauchen, So wollen: undt ordnen Würr, daß nun hinfüro wo einer ein Gebeu andingen wolte, dasselbig mit seinem werkhmann vor seinem vorgestöltten Richter thue, daß auch Richter ihme die Pauuerständigsten zuegebe undt aufs treulichist schließen helffen darüber wie das Gebeu: und Lohn sein solle, ordentliche Pauzettel aufrichten, daß dieses geschehen soll Richter dem Pauhern und Pauleuthen einen gegen dem andern undt Ehr nicht gebührliche außrichtung thuen, Es sollen auch die hiesigen Werckleuth unßer Untterthannen füer allen andern arbeitten, ihr Arbeit Befördern undt die angefange Gebeu ohne ihren willen nicht untterlassen, hierauf auch der Richter den so zue Pauens willens gegen denen werckh Leuthen ausrichtung Thuet und sie alles Ernst darzuehaltten.

Privilegien für die Stadt Feldsberg

Erneuerung des Privilegs an die Stadt Feldsberg, das von Karl I. am 28. Juni 1625 der Stadt erteilt und auch schon von Karl Eusebius im Jahre 1632 erneuert worden war:

Wir Johann Adam Andreas von Gottes Gnaden des Heyliegen Römischen Reichs Fürst und Regierer deß Hauses Liechtenstein von Nickolspurg, in Schlesien Hertzoge zue Troppau undt Jägerndorff Thuen kundt allermäniglich, daß vor Uns durch Ihre Abgeordnete erschienen sein die Ehrsamben Unseren Erbunterthaner undt liebe getreue Burgermeister, Richter undt Rathmanne undt die ganze Gemeinde Unserer Stadt FELDTSPERG undt Uns in unterthäniger Demuth Gebethen haben, Wür gerueheten bei angetrettener Regierung Ihnen Ihr von Miltseeligsten Andenkhens Unseren Hochgeliebten Fürstlichen Herrn Großvatter und Vatter erlangt und bekräfftigtes PRIVILEGIUN DE DATO EYSSGRUEB den achtundzwantzigsten Juny Anno Sechtzehen Hundert fünf und Zwaintzig,sambt denen einverleibten Rechten undt Gerechtigkeiten ein: undt Zugehörungen aus fürstlicher Macht undt Obrigkeit gnädig zue Confirmiren, zue bestättigen undt zue erneuern undt bestehe in nachgesetzten Articuln:

Erstlichen: Dieweillen Sie Uns mit völligen Robothen bieshero verbunden gewesen, Wollen Wür Ihnen solche dahin gnädigst Limitieret undt benent haben, daß Sie gegen Reichung des Robothgeldts nemblich Zwölff Schilling von Hauß undt Zehen Kreutzer von ieder Gewandten ackher hinführo, außer deren hierinnen bemelten, kein andere robothen, weder mit Roßen noch Wagen oder handt zuethun, zueuerichten schuldig sein: Die Vorbehaltene Robothen aber sein diese, Unsere Hofweingarten, so viel Sie bieshero gebawet ferner zuebawen, Lesen undt alle andere darzue gehörige arbeith zuuerichten; Ittem unsere Hoffackher, wie Bieshero bawen, schneiden, einführen, Ittem die GetreidtZehent einzuführen, Ittem auch Unsere Hoffwiesen zu fexnen, hergegen auf bemelte Weingartten Arbeith, der bieshero gewöhnliche Bawlohn zu dem Ackher Baw, undt Wiesenfexung die gewöhnliche Speis undt Trankh dargereicht werden solle.

Zum Andern, Demnach vor diesem Keiner zum Burger der Statt Feltsperg aufgenohmben oder abgelassen können werden, ohne Vorwissen Unserer vorgesetzten Ambtleuthe. So geben Wür hiemit unseren Jetzigen undt Kinfftigen N. Burgermeister, Richter undt Rath zue Feltsperg diese Freyheit, Recht undt Gewaldt, daß sie selbsten zue Burgern, inner: undt außerhalb der Ringmauern/: darunter auch die Judten begriffen undt verstanden sein:/ mögen aufnehmben Welche Sie würdig und qualificiret befunden, auch die Jenige so Hinweckh Begehren, erlassen und mit Abschiedt versehen, ohne eintrag undt Hinderung unserer jetzigen undt kinfftigen Ambtsleüthe, allermaßen sich andere Stätt dieser Freyheit gebrauchen, doch nehmben Wür Uns auß, so entweder mit Schulden oder Verbrechen behafftet, wie auch die, Welche Wür selbst aufgenohmben, undt erlaßen haben Wollen.

Anhang

Zum Dritten, Weillen vor diesen die hinterlassene Stattwaisen inner: undt außerhalb der Ringmauer in die Meyerhöff oder aufs Schloß genohmben, undt zue Unseren Diensten gebraucht worden, erzeigen und thun Wür dem Rath zue Feldtsperg Jetzig und Künfftigem diese Fürstliche Gnadt auch, das sie die bey der Stadt Verweisten Kinder selbst versorgen mögen undt soll keiner derselben, es seye Mans = oder Weibs Persohnen zue Unseren: oder unserer Nachkommenden Diensten in die Meyerhöff oder anderstwo nicht mehr gezwungen werden, jedoch wollen Wür Uns, Unser nachgesetzten Obrigkeiten die Waisen Reittungen in sonderheit Vorbehalten :/ Wie auch diese Condition austrucklich darzue gesetzet haben, daß kein Wais noch Kindt, reich: oder arm, in Müßigang, wie bishero beschehen, soll auferzogen: sondern ein ieder erstlich zuer Schuel, bies er aufs wenigst schreiben undt Lesen kan, Wann er sonst nicht geschickt, in freyen Künsten fortzufahren, nachmahls zue einem Handtwerckh, zue welchem er Lust hatte undt tauglich wäre, Ernstlich gehalten werde, damit sie von Jugendten auf der arbeith, Häußlichkeit, undt Brodt=erwerbens gewohnen.

Vors Viertte, Inmaßen Uns vor diesenen Jährlichen auf Heyligen Dreyfaltigkeit undt Creutzerhöbung, bey der Stadt, der Baan:undt Jahrmarkh- Schankh mit in fürlegung Unserer Hoffwein zueständig gewesen, damit aber gemeine Statt aufnehmben, undt dero Einkommen vermehret werden möge; Als wollen wür solchen gehabten Baan:undt Jahrmarkhschankh hiemit aus gnaden der Gemeinen Statt, Gäntzlichen cedieret, geschenkht undt übergeben Haben, dergestalt, daß wür, weder Unsere Erben undt Nachkommen nicht allein auf die angedeute zwey Jahrmarkh: sondern auch auf die übrigen so von der Römisch Kayserlichen Maytt: neülich erlangt ist, zue solchem Schankh kein Gerechtigkeit mehr haben, weder dergleichen Schankh Künfftig zueführen befugt sein sollen: sondern denselben, wie obbesagt die gemeine Statt ohne Mänigliches Wiederreden undt Hinderung genießen laßen.

Vors Fünffte, Daß Stadtthor undt Thurm bey dem Baadthor, sambt dem Garten zuenechst daran, sowohl die Roß Schwemb, mit denen Laaden, wollen Wür der Statt gleichfahls eingeraumbt und zugeaynet haben.

Wann Wür dann sothanes Privilegium zue sambt der Fürst Vatterlichen Confirmation originaliter recognosciren lassen undt beuorstehende articul von Worth zue Worth befunden, hierneben der Süpplicanten und dero Vorfahrer Uns undt Unserem Fürstlichen Hauße von

Liechtenstein in alle Weege trew geleistete auch führohin unaussetzlich zue leisten uhrböttige Dienste trew und gehorsamb angesehen, undt hierdurch deroselben Untterthänigen Bitt in gnaden einzuwilligen bewogen worden.

Dieß confirmiren bestättigen undt vernewern Wür aus sonderbahren Gnaden mit guettem Bedacht undt Zeithigen Rath so thanes Privilegium sambt denen darinnen begriffenen Freyheiten, Begnadungen, undt allen wohlhergebrachten guetten Gewohnheiten, Rechten, Gerechtigkeiten, Einkommen undt Nutzungen, Werden auch Gemeiner Statt vor die mit ihrer Bewilligung zuer angezihlten Ehre Gottes und der Heyl: Pest Patronen abgetragene Roßschwemb ein andere erbawen zuelassen umb so vielmehr Bedacht sein, das Sie sich mit denen hierzu benöttigten Fuhren zuehilffe zukommen erkläret, Setzen, Meinen undt wollen demnach, daß ietzig undt kinfftige Burgermeister, Richter undt Rathmanne, Einwohner undt Gantze Gemeinde Unserer Statt Feltsperg, aller oberwehnter Begnadungen, Freyheiten und Gerechtigkeiten gebetener Maßen ohne Unser, Unserer Erben undt Nachkommen auch sonsten mänigliche Hinderung frey geniessen, gebrauchen undt darbey führohin und zue ewigen Zeithen ohne alle einrede undt Beschwerung geschützet undt gehandthabet werden sollen; Wie Wür dann Unseren Räthen Haubtleuthen, undt anderen Officiren hiemit gemeßen gebiethen, Sie Burgermeister, Richter, Rathmanne undt gantze Gemeinde bey allen diesen Freyheiten zueschützen undt zuebeschiermen, auch Ihnen hierinnen keinen eintrag oder Verhinderung zuethun, noch anderen was solches zueuerstatten, bey Vermeidung Unserer schweren straff undt Ungnadte yedoch Uns, Unseren Erben undt Nachkommen der Hohen Obrigkeit habenden Regalien auch sonsten in andere wege unabbrüchig undt unuorgreiffig.

Zu Uhrkundt dessen haben Wür Uns aügenhändig unterschrieben undt Unser Fürstl: Größeres Secret Insigill hieran zu hangen gnädig anbefohlen. Geben auff unseren Schloß Feltsperg am Neündten Monathstag July des Sechtzehenhundert fünffundtachtzigsten Jahrs.

Stichwortregister

A:

Abraham a Santa Clara 83
Akademie der Mährischen Brüder 23
Albrecht III., Herzog 13, 148
Albrecht VI., Herzog 16
Albrecht, Herzog 12
Allio, Jacob 36
Altösterreicher 161
Aman, Johann Conrad, Schullehrer 82
Anderka, Hans 94, 109
Andtholzer (Endtholzer), Johannes Jakob 71
Antz (Untz) von Lay, Johann Heinrich, Wirtschaftsrat 121
Arnold, Lorenz 77
Arthur von England, Prinz 155
Asomus, Dominik 147
Augsburger Bekenntnis 21
Aunerus, Magister 71
Aurinowes 35
Ausweisungsbefehl 162

B:

Balli, Anton 72
Banntheidings 32
Barbara-Kapelle 74
Barmherzigen Brüder, Orden der 27, 73, 156, 158
Basel 24
Basevy, Jakob 119
Bauer, Lorenz 147
Beamtenhierarchie 35
Becker, M. A. 22, 23, 117
Belgrad 153
Bernhardsthal, Markt 1
Bertholdi, Fr. Leopoldus 74
Beza 24
Bianchi, Bernhard, Baumeister 97, 98
Bischofwarth 18, 70, 78
Bocskay, Stephan 85
Boskowitz, Haus 24
– Johann Sembera 24
– Anna Maria (Gattin Karls I., Tochter v. Johann Sembera v. Boskowitz 24
– Katharina (Gattin Maximilians, Tochter v. Johann Sembera) 24
Bouquoy, Karl Bonaventura Graf 29, 85
Brand, Philipp, Tischler 142
Brauer von Puchheim, Rudolf 87
Braunau 29
Bretholz, Bertold 13
Burggraf 32
Butschowitz 24

C:

Camely, Handelsmann 39
Cappaun von Berg, Jacob, Wirtschaftsrat 58, 121
Carlone, Joh. Bapttista 37, 91
Cassinetti, P. Johannes Baptist de 27
Catholische Brief- und Sendschreiben 68
Chadold (Kadolt) 11, 12
Chirurgenschule 27
Chlumecky 31
Christiani, Alessandro 140
Christoph IV. 19
Chuenring, Heinrich von 132

Chytil 31
Clemens Beudtler Inventor 1672 113
Clemens VIII., Papst 25
Colombo, Giovanni Battista, Maler 142
»Cosmographia Austriaco-Franciscana« 134
Crivelli, Antonio 37
Czernahora 24

D:

Dampierre 29, 85
Danzig 161
David von Tschiernhaus und Neudorff 52
Deo Sobel, Johannes de 74, 77
Der Lutheraner Zweyffelsknopf 68
Dienstsprache 34
Dietrichstein, Haus 91, 94
Dietrichstein, Herrschaft 68
Dietrichstein, Kardinal 67, 85, 97
Dispens, päpstlicher 92
Donner, Albrecht, Tischler 142
Donner, Leonhard, Tischler 142
Dreißigjähriger Krieg 85, 89, 148 f.
Drösing 154
Duchenwald, Johann Wilhelm, Verwalter der Quardaroba 111
Dudik 31
Dürnholz 13, 16, 17

E:

Edelknaben 114
Eder, Mathias 146
Eibschütz 23
Eilfer Glocke 58
Eisenbahnlinie Lundenburg–Znaim 156

Eisgrub 18, 19, 23, 28, 40, 116, 144, 154
– Gartenbauschule 155
Ellinger (Öllinger), Georg 37
Engelmayer, Martin, Verwalter der Quardaroba 111
Erbeinigung 26
Erna, Andrea, Baumeister 98 ff., 110
Erna, Hans, Baumeister 110
Erster Weltkrieg 155
Ertl, Mathias 146
Evangelisches Gymnasium 20

F:

Falke, Jacob von 117, 129 f., 140
Falkenstein 13, 18
Falzian d. Ä., Johann 33
Familiengruft in Wranau 91, 140
Fanti 94
Feicht, Christoph 34
Feiler, Christoph 147
Feldsberg 13–20, 23 f., 36, 69, 72, 74, 87–90, 92, 96, 100, 108, 114, 131, 140, 144 f., 148–150, 152, 154, 156, 161
– Abfischung des Steindammteiches 101, 103
– Acker-, Obst- und Weinbauschule 155
– Besetzung 156
– Besitzteilung, 1598 23
– Bodenreform 157
– Eisenbahnanschluß, 1872 155
– Gestüt 115
– Kirche, 1631–1671 neu erbaut 92, 93
– Grundsteinlegung 97
– Hauerfahne 95
– Heinrich der Heilige, Kaiser, Standbild 93

Stichwortregister 193

- Hl. Dreifaltigkeit, Bild 94
- hl. Johannes von Nepomuk, Standbild 94
- Hochaltarbild von P. P. Rubens, Standbild 94
- Kuppeleinsturz 1637 98
- Reliquien des hl. Justus 94, 154
- Reliquienschrein (Gebeine des hl. Antonius) 95
- Roßschwemb 92, 93
- Schloßkapelle 93
- Silvester II., Papst, Standbild 93
- Meierhof 91
- Pfarrchronik 123
- Prunkbauten 153
- Sterbefälle 80
- Sterbematrikeln 79
- Sterbezahlen 78
- Theimwald 116
- Todesfälle 81
- Volkszählung 156
- Voluptuarbauten 154

Feldsberger Handwerker 37
Feldsberger Linie 22
Feldsberger Schule 20, 21
Feldsberger Täuflinge 78
Ferdinand II., Kaiser 18, 29, 87, 118, 149
Ferdinand III., Kaiser 88, 90 f., 119
Ferdinand, 85
Ferdinand, Erzherzog von Innerösterreich 29
Ferdinand, König 18
Fichtenberg, Hans Khinast von 24
Fideikommiß 26
Fischer, C. A. 66, 69
Fischer, Dr. Christoph Andreas 65
Fitzka 20

Fleischer, Viktor 99, 107, 110, 111
Flodt, Georg 33
Florian, Anton, Baumeister 141
Florian, Anton, Maurermeister 144
Fontana, Balthasar 142
Franceschini, Gianbattista 144
Franz Joseph I., Kaiser 153, 155
Franziskaner 151
- in Feldsberg 132
- Franziskanerkirche 106
  - Kreuzwegbilder 154
- Franziskanerkloster 143, 145, 154
- Franziskanerorden 39, 134
Friedhöfe 77
Friedland, Herzogtum 36
Friedrich III., Kaiser 16, 17
Friedrich IV., Herzog 16
Friedrich von der Pfalz 29
fürstlicher Hofmeister 33

G:

Gabor, Bethlen 29, 85
Gandelmus, Josephus 34
Gängler, Johann 71
Garrone, Pietro Antonio 142
Garschönthal 18, 57, 78
Gaunersdorf 16
Genf 24
Georg von Poděbrad 15, 16, 17
Gezz, Casparus 71
Gidoni, Johann, Bapt., Maler 109
Girobank 139
Giulietti, Pietro, Maurermeister 144
Giulini, Handelsmann 39, 111, 124
Glockengießer 57
Gnadendorf 13
Gneuß, Zachreis (Burggraf von Feldsberg) 14

Goldener Wagen 153
Götz, Caspar (siehe auch: Gezz, Casparus) 66, 69, 71
Gräßl, Stephan 24
Grave, Balthasar 19
Graz 74
Grünbaum, Tobias, Tischler 142
Grynaeus 24
Gundel, Baron 153
Gunst, Mathias 105
Gustav, Adolf 100
Gutkas, Karl 20

H:

Hagenberg 13, 16
Hartmann, Nicolaus 66, 69
Haupt, Herbert 22, 25
Hauptmann 32
Heinrich III., König 11
Heinrich VI., Kaiser 11
Heinrich von Kunstadt (der »Dürrteufel«) 15
Herbstmanöver 155
Herrenbaumgarten 16, 22, 23, 78
Hitler, Adolf 161
höfisches Leben 152
Hohenau 18, 23
Hohenruppersdorf 18
Holzer 103
Holzmann, Georgius 72
Horn 20
Horne, Jakob de la 38
Hörner von Hornegk, Martin Ladislaus, Wirtschaftsrat 98, 101, 108, 121
Höss, Karl 88
Hubala, Erich 150
Hübel, Dr. Ignaz 21
Hussitenkriege 15

I:

Instructio 130
Instruktionen 32
Instruktionsprotokoll 60
Interna der Gemeinde 60
Isabella von Parma 152

J:

Jagd und Forstwesen 114
Jodocus von Passau, Bischof 104
Johann von Lamberg (der »Scheckel« oder »Sokol«) 15
Johann von Stubenberg 14
Joseph I., Kaiser 130
Joseph II., Kaiser 153
Joseph Wenzel, Fürst 152, 153
Juden 41, 70
– Ausweisung 41
Judex, Johannes 19

K:

Kaiser, Georg 146
Kammerdiener 34
Kantor 21
Karl von Zierotin (Zerotin) 23, 24
Kastner, 32
Katzelsdorf 18, 20, 57, 78
Katzelsdorfer Kirche 69, 70
Kaunitz, Graf 126
Kerecheny de Kanyafölda, Wladislaus 19
Khalser, Martin, Wirtschaftsrat 58, 121
Khlesl, Kardinal 28
Khuen von Belasi, Jacob 124
Kippes, Vizebürgermeister von Feldsberg 157
Kirchstühle 58

Stichwortregister

Klein, Wenzel, Glockengießer 57, 105
Klosse, Andreas, Maurermeister 143
Klostergrab 29
Klosterkirche 76
Koch, Bernhard 83
Kollaborator 21
Königsbrunn 103
Kostel 16, 17
Kriegsnot 85
Kronprinz von Hannover 155
Krystek, Vitek 34
Kuenringer, die 12
– Heinrich 12
– Leutpold 12
– Agnes, Leutpolds Gattin 12
– Alheid, Heinrichs Gattin 12

L:

La Marre, Büchsenmacher 146
Leibgarde 114
Lengelacher, Ignaz 94
Leopold I., Kaiser 41, 118, 120
Leopold IV., Herzog 13, 148
Liechtenstein, Familie/Haus 11–15, 19 f.
– Alois I., Fürst 153
– Alois II. Joseph 154
– Anton Florian 141
– Anna Maria (Gattin Karls I., Tochter v. Johann Sembera v. Boskowitz 24
– Christoph II. 15 f.
– Christoph III. (1446–1506) 16 ff.
– Eleonore (verehelichte Fürstin Eggenberg), Tochter Karl Eusebius' 128
– Erdmunda Maria Theresia, Gattin Johann Adam Andreas' 129, 140
– Franz Dominik Aegidius, Sohn von Hans Adam 140
– Franz Joseph I. 153
– Georg IV. (1418–1444) 15 f.
– Georg V. (1447–1484) 16, 18
– Georg Erasmus 19, 22
– Georg Hartmann 18, 133
– Gundacker 22 f., 25, 91, 131 f.
– Hanns 13
– Hans 15
– Hartmann, Vetter von Karl Eusebius 91, 120, 125 f.
– Hartmann I. 18
– Hartmann II. († 1585) 18–23
– Hartneid III. 15
– Hartneid V. 15
– Heinrich 15
– Heinrich V. (1386–1418) 13, 148
– Heinrich VII. (1446–1483) 16 ff.
– Johann I. (Hanns der Gewaltige Hofmeister) 12–14, 148, 154
– Johann II. (1386–1412) 15
– Johann V. 16, 17
– Johann VI. 18
– Johann Adam Andreas (= Hans Adam), Fürst 35, 115 f., 123, 126–134, 138, 140, 144–147, 151
– Johann Christoph 18
– Johannes I., Fürst 154
– Johannes II., Fürst (1858–1929) 155
– Johann Septimius 19, 22
– Johanna Beatrix, Fürstin (Gattin Karl Eusebius', geb. Gräfin Dietrichstein) 74, 76, 91, 127

- Joseph Wenzel 152
- Judith 22
- Karl I., ab 1599 Oberstlandrichter von Mähren 19–91, 115, 118, 124 f., 132 f., 146, 148, 150
  - Übertritt zum Katholizismus 25
  - ab 1600 Geheimer Rat 25
  - »Rergierer des Hauses Liechtenstein« 26
  - 1605 Feldherr 85
  - 1608 in den erblichen Fürstenstand erhoben 28
  - Schlacht am Weißen Berg 25, 29
  - 1622 Statthalter von Böhmen 30
- Karl Eusebius, Fürst 31, 67, 72, 74 f., 89, 91–132, 145, 149 f.
  - »Werk über Architektur« 107
- Karl Joseph, Sohn von Hans Adam 140
- Katharina 22
- Katharina (Gattin Maximilians, Tochter v. Johann Sembera v. Boskowitz) 24
- Maria Leopoldine 153
- Maria Theresia (verehelichte Fürstin Leslie), Tochter Karl Eusebius' 128
- Maximilian, Fürst 22 ff., 91, 96
- Wilhelm (1446–1459) 15 f.
- Wolf Christoph 18
- Wolfgang II. 18

Liechtenstein, Ulrich von 11
Liechtenstein-Palais, Wien, 152
Loosdorf, 20
Lorenz (Maler) 38
Lundenburg 13, 16 f., 72, 92, 116, 124
Lüngel, Adolf, Bildhauer 143

M:

Magistrat 41
Mährisch Aussee 24
Maidenburg 17
Maria Leopoldine, Fürstin 153
Maria Theresia, Kaiserin 153
Martinelli, Domenico, Architekt 139, 144, 145
Martinelli, Domenico, Baumeister 140, 144 f.
Masaryk, T. G. 160
Matthias Corvinus, König v. Ungarn 17
Matthias, Erzherzog 27
Maximilian I., Kaiser 18
Maximilian von Althan, Hw. Reichsgraf Herr 72, 73
Maximilian von Bayern, Herzog 29
Maximilian, Erzherzog 21
Menz, Karl 77
Merta, Hieronymus 34
Metternich, Fürst 154
Michl, Hans, Tischler 142
Mietzka, Martin, Steinmetzmeister 142
Miseron, Dionisio, Kaufmann 111
Mistelbach 13, 16, 20, 65, 69
Mitschke, Martin, Steinmetzmeister 142 f.
Mittermayer von Waffenberg, Matthias 84
Münchener Abkommen 160, 161
Mundtprodt, Johann Hieronymus 33

N

Napoleon 154
Nationalitätenpolitik 160
Neuburg a. d. Donau 74

Stichwortregister 197

Neuhof 70
Neve, Franz von 95
Niederdonau 160
Nikolsburg 13, 15–19, 87
Nistler, Mathias, Bürgermeister von Feldsberg 157, 159
Nowirad, 24

O:

Oberhammer, Dr. Evelin 7
Oberhauptmann 33
Oberthemenau 18
Ökhardt, Mag. Balthasar 72
Omulkus, Balthasar 24
Orth, Gisela von 12
Otho, Joann Aloysius 72

P:

Parforcejagden 154
Pest 70, 77
– Pestsäule 77, 83, 106
– zweite Pestwelle 82
Peterwardein 153
Pfarrarchiv, Alt-Lichtenwarth 65
Pfarre von Feldsberg 65
Pfleger 32
Pius XII., Papst 161
Plaschka, Dr. Richard Georg 7
Pohrlitz 16
Pongratz, Dr. Walter 52
Poppio, H. Joanni (Johannes Poppius) 65
Posoritz 24
Potendorf, die 12
Poysdorf 18
Prag 74
– Altstädter Ring 148
Prandsteuer 88
Přemysl Ottokar 12

preußisches Militär 155
Prinz Eugen 114, 145, 153
Prinz von Württemberg 155
Privileg an die Stadt Feldsberg 39
– Robotgeld 42
– Waisenprotokoll 52
– Weinausschank der Gemeinde 54
– Stadttor 54
– Stadtturm 54
– Policeyordnung 55
– Urkunde der Schneiderinnung 55
– Privileg, der Schuster 56
– Schuster 56
Privilegien 92
protestant. Landschaftsschule 20 f.
Puchheim, die 12
– Elisabeth (Witwe nach Johann I., in der Folge Gattin Johanns v. Stubenberg) 14
– Hans 13

R:

Rabensburg 13, 16, 23, 91
Rauhenstein, die 12
Reformation 148
Regent 32
Reich, Sebastian 34
Reichard, Johann, Verwalter der Quardaroba 111
Reichel, Johannes Baptist 33
Reingrabner, Dr. Gustav 20
Reinthal 70, 78
Rentschreiber 32
Residenz Feldsberg 36
Richwin 11
Rickhes, Michael 67
Ringelsdorf 13, 23

Romani, Ferdinand, Verwalter der Quardaroba 111
Rossi, Domenico, Maler 142
Rudolf II., Kaiser 19, 22, 24–27
Rudolf, Kronprinz 155
Rumpf, Wolfgang Sigmund Freiherr von 25

S:

Sak von Bohumiewitz, Wenzel 33
Salomon, Thoma, Fleischhauer 58, 105
Sambstag-tor 37
Sandt, Lorenz 34
Sedlnitzky, Johann Wenzel von 33
Seefelder (Sevelder), die, 11
– Wichard 11
– Chadold (Kadolt) 11 f.
– Albero, Sohn v. Chadold 12
Seelowitz 16
Seidenraupenzucht 38
Selbstbestimmungsrecht 160
Slawikowsky, Georg 34
Stammüller, Albrecht, Schlossermeister 38
Stände 21, 22
Stände, evangelische, Niederösterreich 20
Steger, Sebastian 66, 69
Steinbeck, Veith, Steinmetz 143
Steindammteich 103
Steinebrunn 103, 104
Stekl 124
Stiftungsurkunde 91
Stöckhel, David, Schlossermeister 38
Stubenberg 14
Sudetendeutsche Partei 160

Sch:

Schellenberg, Baron 117, 118
Schellenberg, Herrschaft 138
Schiemer, Jakob 73
Schloß Feldsberg (Feldtsperg) 36, 108, 111, 113, 145
– Arbeiten auf Schloß Feldsberg 38
– »Baugeschichte des Schlosses Feldsberg« 140, 144
– Bautätigkeit 141
– Fasangarten 144
– Fürstliche Gewehrkammer 145
– Quardaroba (Aufbewahrungsort der Kunstwerke) 111, 113, 129
– Rüstkammer Hans Adams (Feldsberger Rüstkammer) 145 ff.
– Schloßkapelle 22, 108, 110
– Schloßtheater 143, 153
Schloß Steieregg 16, 18
Schloß, Architektur, höfisches Leben 107
Schmelzer, Magister 72
Scholz, P. Costantinus, Prior 74
Schrattenberg 24, 57, 69
Schubert, Andreas 146
Schulmeister 21
Schützengesellschaft 150, 151
Schwarzenberg, Graf 120
Schweden 88, 89
Schwetzengast, Mag. Elias 71

T:

Tarone, Francesco 100
Tarras 78
Tauch, Gregor, Zimmermeister 143
Taufzahlen 78
Tencala, Giacomo, Architekt 96
Tencala, Giovanni, Baumeister 96, 97, 98, 100, 101, 108, 110
Thomas, Johann, Schützenmeister 151

Stichwortregister

Tichtl, Stadtpfarrer von Feldsberg 157, 158
Tiefenbach, Rudolf von 87
Tomaselli, Handelsmann 39
Torstenson 100
Trapelius, Petrus 65
Trautson, Graf Paul Sixtus 25
Triesel, Prof. Hugo 7
Troppau, Herzogtum 29
Troyer 111
tschechische Minderheit 158
tschechischer Nationalismus 31
tschechisches Militär 157
Tschernembel 28
Türkengefahr 89
Tvrdy, P. Veremund 158

U:

Ulrichskirchen 13
Unterthemenau 18, 69, 72
Urbare 33

V:

Vaduz, Herrschaft 138
Veldsperch, Alberos von 132
»Verneuerte Landesordnung« 149
Vertrag von Lieben 28
Vertreibung der Sudetendeutschen 161
Vischer, G. Matthäus 113, 141
Visitation 21
Voitelsbrunn 103

W:

Waas, Johann 146
Wahlen 159 f.
Waisenhaus Brünn 157
Waisenliste 40
Waisenstein 17
Walaschek, Anton 77
Waldreiter 32
Wallenstein 36
Wallsee, Haus 15
– Heinrich 13
Wegricht, Pfarrer 94
Weinbrenner, Karl 95
Wendl, Schlossermeister 38
Wenzel Katharin 33
Weysbrodt, Wolfgangus 65
Wiedemann 72
Wiedemann, Theodor 119
Wiegbauer, Johann Martin, Bürgermeister, Stadtrichter 82
Wiegbauer, Johann Martin, Sohn von Martin Wiegbauer 82
Wien 20, 74
Wiener Carl-Theater 155
Wilfersdorf 16, 18, 23, 144
Wilhelm, Gustav, 106, 140, 144 f.
Windisch-Grätz, Graf, 120
Winkel, die 12
Winter, Valentin 89
Wirschaftskollegium 121
Wirtschaftserfolge, Familienerbe 138
Wisgauer, Fleischermeister 59
Wolfger von Passau, Bischof 11

Z:

Zarg, Hans 37
Zeller, Caspar 146
Zemreich, Hans Jacob 146
Zimmermann, Georg 74
Zistersdorf 17
Zöllner, Erich/Schüssel, Therese 83
Zunft der Schmiede 57
– der Tuchmacher 57
Zweiter Prager Fenstersturz 29